COLLANA

ACCÈNTI

I0424730

L'accento pone in rilievo una sillaba di cui si compone la parola e ne aumenta l'intensità di pronuncia.

La Civiltà Cattolica dà questo nome a una collana che raccoglie in modo tematico la propria riflessione – ininterrotta sin dal 1850 – ponendo l'accento su un tema di attualità o di particolare valore ispirativo.

L'accento cade su una parola chiave proponendo oggi riflessioni del passato, creando connessioni e svelando motivazioni lontane. La nostra speranza: riproporre testi da leggere col senno di poi per capire meglio il presente.

www.laciviltacattolica.it
© 2019 La Civiltà Cattolica, Roma
I edizione - marzo 2019

Ogni giorno **La Civiltà Cattolica**
è presente sui principali social
con aggiornamenti, idee e chiavi
di lettura sull'attualità.

CHI CI ♥ CI SEGUE.

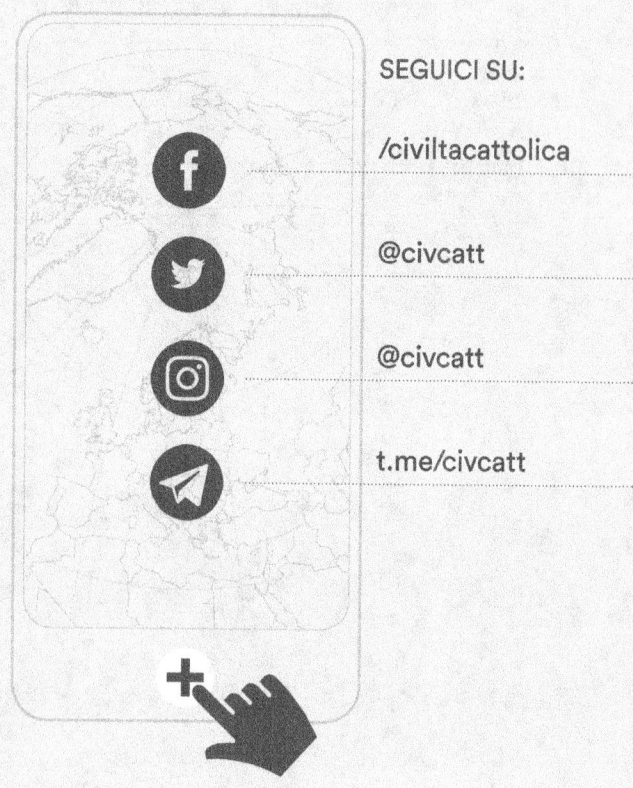

SEGUICI SU:

/civiltacattolica

@civcatt

@civcatt

t.me/civcatt

LA CIVILTÀ
CATTOLICA

SOMMARIO

ARTI E MIGRAZIONI

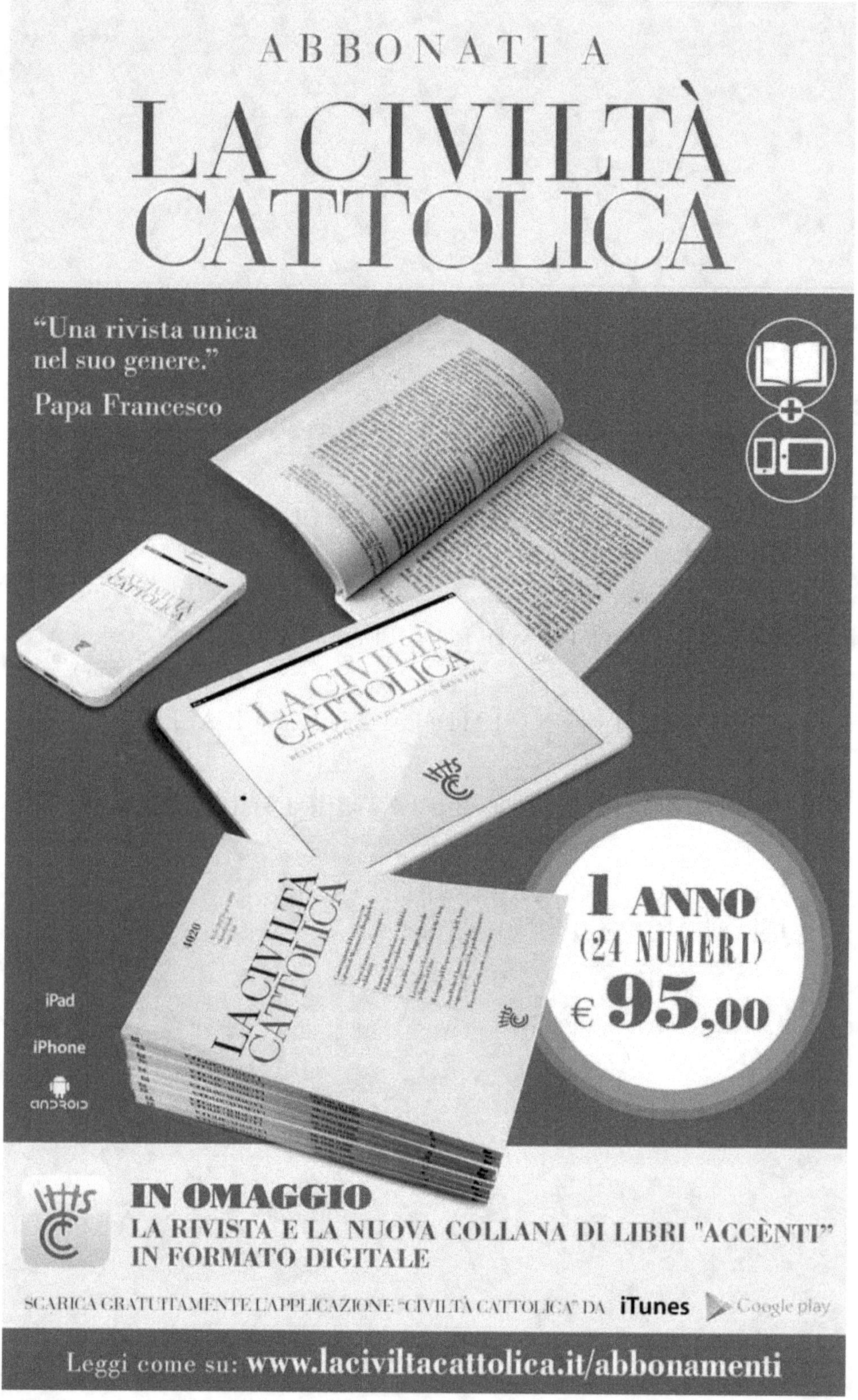
ABBONATI A
LA CIVILTÀ CATTOLICA
"Una rivista unica nel suo genere."
Papa Francesco
1 ANNO
(24 NUMERI)
€ 95,00
iPad
iPhone
android
IN OMAGGIO
LA RIVISTA E LA NUOVA COLLANA DI LIBRI "ACCÈNTI"
IN FORMATO DIGITALE
SCARICA GRATUITAMENTE L'APPLICAZIONE "CIVILTÀ CATTOLICA" DA iTunes Google play
Leggi come su: www.laciviltacattolica.it/abbonamenti

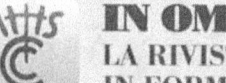

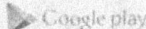

PRESENTAZIONE

È stata a lungo nelle prime pagine dei giornali, in testa alle ricerche in rete e nelle conversazioni sui social, e tra le prime notizie dei tg per mesi, purtroppo molto, troppo spesso, per un semplice e anche brutale gioco di strumentalizzazione a fini elettorali. La questione dei migranti e dei rifugiati, tra preoccupazioni legittime e crudeltà gratuite, è stato «il» tema di dibattito politico e sociale per mesi e mesi, e lo è in effetti da anni.

Trattata a lungo come un'infinita emergenza o come una mera questione di ordine pubblico, si è rivelata per quella che è, purtroppo, solo grazie all'evidenza di una contabilità dell'orrore e del dolore: quella delle vittime dei naufragi nei nostri mari, che hanno fatto diventare il Mediterraneo un grande cimitero.

La questione dei migranti e dei rifugiati è un nodo politico globale. Non è una vicenda italiana, né solo europea. Non è un fenomeno contemporaneo, ma un elemento permanente nella storia dell'umanità. E per affrontare le sfide che pone oggi sono richieste – a credenti e non credenti – *più* politica e *più* misericordia e molta *meno* retorica.

Per tutti questi motivi e, ovviamente, per l'attualità e l'urgenza del tema, *La Civiltà Cattolica* dedica alla questione migranti il settimo volume della sua collana monografica digitale «Accènti», raccogliendo alcuni suoi articoli recenti e non; e un documento storico prezioso e suggestivo, un nostro saggio del 1888 sull'emigrazione italiana nel mondo, con dati e statistiche del tempo.

Che non sia una questione di parte, e che non possa restare confinata in una battaglia ideologica o essere rimossa, lo evidenzia il fatto che «tutti gli elementi di cui dispone la comunità internazionale indicano che le migrazioni globali continueranno a segnare il nostro futuro», come scriveva papa Francesco, il 1 gennaio 2018, nel suo Messaggio per la 51a Giornata Mondiale della Pace, dal titolo *Migranti e rifugiati: uomini e donne in cerca di pace*. Il Papa prosegue in quel testo offrendo anche una chiave di lettura sulle migrazioni che guarda oltre le polemiche di parte: «Alcuni le considerano una minaccia. Io, invece, vi invito a guardarle con uno sguardo carico di fiducia, come opportunità per costruire un futuro di pace».

Nel Messaggio papa Francesco ha indicato anche quattro elementi per lui necessari nella risposta ai problemi dei migranti: «Accogliere, proteggere, promuovere e integrare».

Su queste direttrici si muove da anni anche l'azione diplomatica della Santa sede, probabilmente l'istituzione globale che più di tutte oggi al mondo crede ancora nella necessità e nella forza coesiva del multilateralismo. Per questo, grande è stata la dedizione di vari organismi vaticani ai processi che hanno portato alla stesura dei due *Global Compact* – sulle migrazioni sicure e ordinate e sui rifugiati – frutto dell'impegno formalizzato dalla comunità internazionale nel 2016 nella Dichiarazione di New York. In vista della definizione dei due *Global Compact*, papa Francesco esprimeva l'auspicio che essi fossero «ispirati da compassione, lungimiranza e coraggio, in modo da cogliere ogni occasione per far avanzare la costruzione della pace: solo così il necessario realismo della politica internazionale non diventerà una resa al cinismo e alla globalizzazione dell'indifferenza. Il dialogo e il coordinamento, in effetti, costituiscono una necessità e un dovere proprio della comunità internazionale. Al di fuori dei confini nazionali, è possibile anche che Paesi meno ricchi possano accogliere un numero maggiore di rifugiati, o accoglierli meglio, se la cooperazione internazionale assicura loro la disponibilità dei fondi necessari». Il percorso dei Compact è stato poi articolato e con esiti ancora da valutare bene in termini di impatto. Ce ne occuperemo in una sezione *ad hoc* di questo volume, in cui ripubblichiamo due nostri recenti articoli.

I contenuti di questo nostro «accento» sui migranti sono infatti stati raccolti in sei sezioni, nell'ordine: *Nella Bibbia, Nodo politico globale, Prospettive, Global Compact, Migranti e rifugiati d'Italia, Arti e migrazioni.*

★ ★ ★

Nella Bibbia. La prima sezione del volume presenta due articoli che affondano le radici della nostra riflessione nel testo biblico.

La crisi odierna dei migranti ci appare drammatica, perché abbiamo perso la memoria delle nostre origini: la storia dell'umanità mostra che siamo tutti migranti. La Bibbia si rivela non a caso una biblioteca infinita di storie di migranti scritte per un popolo migrante, il popolo di Dio, da Adamo fino a Gesù e agli apostoli.

Nodo politico globale. Nella seconda sezione del volume raccogliamo alcuni articoli che mostrano perché quella dei migranti è una questione globale, e dai tanti risvolti.

In Europa la crisi ha conosciuto il suo apice nel 2015-16. Ma oggi si può dire che sia realmente passata? Pensare che tale crisi sia terminata è un grave errore, perché non tiene conto della natura complessa del fenomeno e del fatto che le cause scatenanti non sono scomparse. L'unica vera soluzione, soprattutto a proposito dei cosiddetti «migranti economici», sembra esser quella di aprire e gestire, su scala europea e con la collaborazione dei Paesi di origine, i canali legali di immigrazione.

D'altra parte, mentre l'Europa istituzionale fatica a dare risposte coordinate e a offrire una prospettiva chiara, la società civile, di fronte ai fatti e alle persone concrete che arrivano, ha già messo in campo in diversi Paesi fantasia e immaginazione per tentare di costruire comunità coese e solidali e processi di reale integrazione. Buone pratiche da osservare meglio, senza pregiudizi.

La situazione delle migrazioni in Europa è strettamente connessa a quello che avviene nel Mediterraneo. Nel caso dei tanti migranti africani che prendono la via del deserto e del mare per arrivare qui, e in molti vi perdono la vita, può essere d'aiuto riflettere sul concetto ambivalente di «casa»: in primo luogo, per criticare i presupposti in base ai quali le comunità discriminano gli immigrati; e, in secondo luogo, per valutare la sostenibilità delle migrazioni nell'era dei movimenti politici che le contrastano e le possibili alternative. Può forse essere questo il momento, per gli africani, di seminare, affinché l'Africa torni a essere «casa» per i propri figli?

Oltreoceano la sfida delle migrazioni non è meno grande e di attualità, dalla questione del muro tra Messico e Usa a quella innescata dalla crisi venezuelana, oltre ad altre situazioni analoghe in America Latina e nei Caraibi: il dato comune è che alla sempre maggiore libertà di movimento di merci e capitali corrisponde una sempre più limitata e drammatica possibilità di spostamento delle persone. Se le frontiere non diventano un ponte, a guadagnarci saranno sempre e solo coloro che governano i flussi irregolari delle migrazioni.

E a proposito di frontiere chiuse, prendendo spunto da un dossier della Caritas italiana, è possibile avere uno sguardo di insieme sul fenomeno dell'aumento di muri e barriere tra i vari Paesi del mondo, o anche al loro interno. Sono simboli eloquenti di divisione. Se nel 1989 si contavano 15 muri a carattere repressivo o difensivo, attualmente esistono oltre 60 barriere, di cui alcune ancora in costruzione.

Prospettive. Nella terza sezione, a fronte del dato storico e dei fatti che il fenomeno globale delle migrazioni ci mette di fronte, cerchiamo di individuare alcune prospettive positive. Ad esempio p. Adolfo Nicolás, già Superiore generale della Compagnia di Gesù, cerca di spiegare perché «le migrazioni sono una sorgente di benefici per i vari Paesi» e che i migranti ci mostrano la parte più debole, ma anche quella più forte dell'umanità. Inoltre, essi ci mostrano il volto della misericordia, che è un concetto centrale di molte religioni, in particolare del cristianesimo, dell'ebraismo e dell'islam.

Proprio le tradizioni religiose oggi custodiscono delle risorse da riscoprire per offrire una risposta alla crisi umanitaria delle migrazioni. Tra queste, ovviamente, c'è il tesoro nella Dottrina sociale della Chiesa, che può ispirare alla politica e alle sue scelte globali alcune prospettive etiche.

Global Compact. Nella quarta sezione, come già accennato, pubblichiamo due riflessioni che ci permettono di entrare nel processo e nel contenuto dei due documenti politici più recenti ed importanti prodotti dalla comunità internazionale, ossia il *Global compact* per migrazioni sicure, ordinate e regolari, e quello sui rifugiati. Si tratta di testi alla cui genesi ha partecipato con un ruolo importante la Santa Sede: non a caso in molte formule dei documenti risuonano i Venti Punti di azione per i patti globali («Rispondere alle sfide dei migranti e rifugiati») frutto dell'elaborazione di vari organismi vaticani.

Migranti e rifugiati d'Italia. In questi anni di «crisi» e di paura per i migranti, in Italia si è fatto appello talvolta alla memoria recente del nostro popolo: un popolo di migranti, con le loro storie di povertà e di discriminazioni, ma anche di dignità e a volte di successi. Abbiamo recuperato dai nostri archivi un articolo prezioso e ricco di statistiche, datato 1888, dal titolo «Della emigrazione italiana» che così principia: «Tra i frutti dei rivolgimenti che, in questi ultimi ventinove anni, tutta da capo a fondo scompigliarono la Penisola nostra, deve annoverarsi l'emigrazione, generalmente dagli stessi economisti di parte liberale deplorata, qual danno gravissimo per l'Italia e per gl'Italiani che ne abbandonano il suolo...». E in questa scia, è emblematico ricordare la storia di santa Francesca Cabrini e del suo apostolato dedicato in particolare al sostegno e all'integrazione dei migranti italiani negli Stati Uniti: un carisma il suo oggi vivo ed esemplare. Infine, un articolo di p. Giovanni Sale ci riporta alla memoria l'attività svolta in favore dei rifugiati nell'area extraterritoriale del Laterano da ecclesiastici legati alla Santa Sede, durante l'occupazione nazista della Capitale.

Arti e migrazioni. La dimensione globale del fenomeno migratorio è confermata anche dalla quantità di produzioni artistiche che ne sono state ispirate in questi ultimi 20 anni. In particolare, il cinema ha raccontato in più modi e traiettorie l'odissea della speranza e le storie di tanti migranti, in fuga dai conflitti e dalle discriminazioni. La macchina da presa ridà vita e contesto ai fatti e agli effetti della guerra in Afghanistan, dopo l'attacco alle Torri Gemelle; all'indeterminato destino del popolo curdo; alla quotidianità «travolta» dagli sbarchi dei migranti che arrivano per mare dalla Libia, in special modo nell'isola di Lampedusa, divenuta un simbolo della crisi ma anche della misericordia e dell'accoglienza. Oltre al cinema, quest'esodo forzato di milioni di rifugiati – una vera e propria «storia nello spazio», una geografia fluida – non interroga soltanto sociologi, politici, opinionisti e, ovviamente, geografi, ma anche artisti di tutto il mondo, i quali hanno realizzato istallazioni e mappe concettuali per raccontare l'esodo interiore ed esteriore dell'uomo.

* * *

Questo volume di «Accènti» raccoglie una parte della riflessione pubblicata nel tempo da *La Civiltà Cattolica* sulle migrazioni e sulle storie concrete dei migranti. Questo «nodo» politico richiede una risposta alternativa ai muri e ai pregiudizi, che oltre a generare sofferenza e morte, non appaiono affatto una soluzione lungimirante, proprio se si rivolge lo sguardo al futuro delle nostre terre e dei nostri figli. Discernere la realtà, animati dallo Spirito di misericordia, e trovare vie di soluzione sovranazionali che tengano conto dei diritti e delle speranze di tutti, di fronte a una crisi globale del genere, appare l'unica reale opzione politica.

Antonio Spadaro S.I.
direttore de La Civiltà Cattolica

NELLA BIBBIA

«MIO PADRE ERA UN FORESTIERO»: L'INSEGNAMENTO BIBLICO SUI MIGRANTI

Pietro Bovati S.I.

Diceva il saggio Qohelet: «Non c'è niente di nuovo sotto il sole. C'è forse qualcosa di cui si possa dire: "Ecco questa è una novità"? Proprio questa è già avvenuta nei secoli che ci hanno preceduto» (*Qo* 1,9-10). Tutti noi però fatalmente dimentichiamo ciò che è capitato tempo fa, e quindi certi fenomeni ci appaiono inconsueti, eccezionali, senza paragoni; nella loro presunta anomalia essi sono di conseguenza fonte di angosciosa preoccupazione. Fra questi eventi sorprendenti e inquietanti possiamo includere quello delle ondate migratorie che dall'Africa, dal Vicino Oriente e dall'Europa orientale si riversano in questi anni, come una inarrestabile marea, verso territori di speranza, verso quella che consideriamo la «nostra» terra.

Ora, a ben vedere, non c'è quasi regione o nazione che nella sua storia non abbia visto giungere, talvolta da molto lontano, carovane o interi gruppi etnici con l'intento di insediarsi in terre straniere, ritenute oasi favorevoli. La «nostra» Europa, in particolare, è il risultato del processo millenario di invasioni, trasferimenti di popolazioni e mescolanze; a sua volta, ha prodotto ingenti flussi migratori verso altri continenti, nelle Americhe e in Australia in particolare, ma anche in Africa e parzialmente anche in Asia. Chi partiva era convinto di onorare il diritto di ogni persona alla sopravvivenza e al benessere, e in certi casi si vantava di contribuire con il suo lavoro e la sua cultura al progresso civile dell'umanità. È necessario dunque tenere in considerazione la storia anche remota con il suo apporto sapienziale per interpretare correttamente la particolarità, giudicata drammatica, del momento presente.

L'oblio del passato è un fattore di insipienza. Ce lo dice la Scrittura, fin dall'inizio della storia d'Israele. La famiglia di Giacobbe, composta da una settantina di persone (*Dt* 10,22), per sfuggire a una perdurante carestia si era trasferita in terra d'Egitto; lì aveva trovato prosperità, promovendo peraltro la ricchezza economica del paese ospitante (*Gen* 46,31-34; 47,1-10). Ma «sorse in Egitto un nuovo re, che non aveva conosciuto Giuseppe» (*Es* 1,8). Con il passare degli anni si perse la memoria di quell'immigrato che aveva arricchito tutti con la sua speciale sapienza. Dalla dimenticanza scaturiscono sentimenti impropri e azioni vergognose.

Gli egiziani percepiscono la presenza vitale degli ebrei come una minaccia; chi aveva ricevuto lo statuto sacro dell'ospite (*hospes*) si trasforma in nemico (*hostis*). Il timore di essere sopraffatti ha una qualche giustificazione, a causa del numero crescente di coloro che continuano a essere definiti stranieri e perciò pericolosi; quando però è senza controllo, la paura diventa cattiva consigliera. Poiché l'autorità politica considera sempre che sia saggio e doveroso usare ogni mezzo per tutelare l'interesse primario dei cittadini, il faraone suggerisce di «prendere dei provvedimenti sapienziali» che impediscano il proliferare del presunto avversario (*Es* 1,10).

Sappiamo che, nella storia degli ebrei, un tale indirizzo operativo prese la forma di norme che imponevano agli immigrati condizioni crescenti di servitù, con maltrattamenti e umiliazioni, fino all'eliminazione fisica della vita nascente (*Es* 1,11-22). Il fiume d'Egitto diventò allora la tomba dei neonati degli ebrei, come il Mediterraneo è oggi «diventato un immenso cimitero»[1] per migliaia di profughi, fra cui tanti bambini[2].

La Bibbia è veicolo di memoria: con i suoi racconti ci fa ricordare come processi di immotivata paura determinino atti che si presentano ufficialmente come necessarie misure di tutela dei cittadini, ma che in realtà sono disposizioni insensate e disumane. L'apporto della parola di Dio è sommamente prezioso, perché ci chiede di identificarci spiritualmente con il popolo ebraico, schierandoci dunque dalla parte dei senza terra; ogni lettore della Scrittura è infatti invitato

---

1. Cfr G. SALE, «I profughi in Europa e la "Via crucis" dell'accoglienza», in *Civ. Catt.* 2016 II 251.
2. Cfr «La tragedia dei bambini migranti», in *Civ. Catt.* 2016 II 314.

a dire: «Mio padre era un arameo errante e divenne un emigrato in terra d'Egitto» (*Dt* 26,5).

La Bibbia ci chiede di fare memoria, assumendo spiritualmente lo statuto dell'immigrato, perché in esso si consegna un mistero di grazia e una via di sapiente giustizia. Vediamo di mostrarlo lasciandoci guidare dalle pagine bibliche.

La nostra origine come migranti

Israele racconta la sua storia di popolo «diverso». Non lo fa per vantarsi, dato che sa di essere piccolo e peccatore (*Dt* 7,7; 9,6). Non intende semplicemente rivendicare il suo diritto a esistere, e nemmeno solo promulgare idealmente la necessità morale di rispettare tutte le minoranze in quanto portatrici di valori unici. Israele narra la sua storia di popolo speciale per testimoniare la verità rivelatagli dal suo Dio, per far conoscere a tutti come il bene scaturisca dall'*accoglienza* del diverso, dello straniero, dell'altro che non mi assomiglia, non parla la mia lingua, non pratica i miei costumi, non venera la mia divinità.

Alla visione statica di *Gen* 10, dove ogni gruppo etnico è confinato nel suo proprio territorio, la Bibbia sovrappone una prospettiva dinamica e relazionale, perché è questa l'autentica via della concordia universale. E in opposizione radicale all'immagine imperialista di Babele – smentita nel suo progetto unificatore dal suo clamoroso insuccesso (*Gen* 11) – viene presentata la figura di Abramo che attraversa le frontiere, per fare della sua diversità il fermento di una benedizione universale.

Abramo è messo in movimento dal Signore, che gli dice: «Va' dalla tua patria [...] alla terra che io ti indicherò» (*Gen* 12,1). È vero che la migrazione era iniziata con suo padre Terach (*Gen* 11,31), ma questo processo diventa «vocazione» solo quando viene assunto personalmente dal padre nella fede come una decisione di bene. Va notato che Abramo non lascia la Mesopotamia per ristrettezze economiche: viene infatti segnalato che era ricco in bestiame e oro (*Gen* 13,2). Nemmeno risulta che egli subisse vessazioni o minacce nel paese di origine; non è quindi un profugo che fugge da zone di guerra. E non abbandona la sua patria per allontanarsi dall'idolatria, dato che la terra verso cui è indirizzato è abitata dai cananei (*Gen* 12,6), seguaci di divinità che non erano quel Signore a cui egli obbediva.

Abramo è così presentato come la figura esemplare del puro migrante, nella quale tutti i migranti possono riconoscersi al di là delle loro specifiche motivazioni; ed è figura non di miseria, ma di elezione e di benedizione, così che tutti siano spinti ad accoglierlo: «Renderò grande il tuo nome e possa tu essere una benedizione. Benedirò coloro che ti benediranno e coloro che ti malediranno maledirò, e in te si diranno benedette tutte le famiglie della terra» (*Gen* 12,2-3). Il destino del mondo, secondo la Bibbia, dipende dalla figura di questo migrante, Abramo, che accetta di rinunciare al titolo di cittadino, che acconsente a rischiare la vita assumendo lo statuto dell'immigrato. Con lui il Signore fa alleanza (*Gen* 15,7-20; 17,1-8); con lui anzi il Signore in certo modo si identifica, così da portare, per suo mezzo, vita alla moltitudine delle genti.

I patriarchi vengono descritti come pastori alla costante ricerca di pascoli, soggetti quindi a ripetute transumanze. Non sono però dei «nomadi», ma dei forestieri che si stabiliscono, dove e come possono, in un paese straniero (Canaan, Aram, Egitto) in qualità di *immigrati*. Così viene presentata l'origine di Israele, da Abramo, Isacco e Giacobbe fino ai loro discendenti, che per quattrocentotrent'anni dimorarono in Egitto (*Es* 12,40). Anzi, stando al libro del Levitico, anche quando il popolo di Dio prese possesso del paese di Canaan venne chiamato dal Signore a concepirsi come «ospite» in una terra che Dio rivendicava come sua proprietà: gli Israeliti erano infatti presso di lui «immigrati e locatari» (*Lv* 25,23). Diceva perciò Davide, ripetendo una formula della tradizione orante di Israele (*Sal* 39,13; 119,19): «Noi siamo immigrati davanti a te e locatari come tutti i nostri padri» (*1 Cr* 29,15).

Chiunque riceve il patrimonio spirituale di Israele, chiunque innesta la sua esistenza sul tronco di questa tradizione di fede (*Rm* 11,17) diventa, per vocazione, un immigrato che si offre, in totale mitezza, all'accoglienza altrui. Si presenta come straniero bussando a una porta, domanda uno spazio in una terra dove altri già risiedono, chiede senza pretendere, attende che il suo ospite manifesti umana compassione, lasciandogli un po' di posto, accanto, o meglio, «in mezzo» ai cittadini. È Dio a suscitare questa figura. L'immigrato che prende dimora entro le porte della città, talvolta persino all'interno della casa dove presta servizio, è un inviato del Signore che reca a tutti la pace (*Mt* 10,5-15; *Lc* 10,1-12).

Probabilmente qualcuno dirà che nell'antichità tutto questo risultava facile, perché l'ospitalità era una pratica consuetudinaria, riconosciuta universalmente come un dovere sacro, frutto anche di quella spontanea solidarietà che nasce quando tutti percepiscono i medesimi bisogni. La Bibbia tuttavia smentisce questa presunta condizione irenica riguardo al forestiero. Il racconto delle origini di Israele dice infatti che i patriarchi furono ripetutamente infastiditi: i re locali prendevano le loro donne (*Gen* 12,11-20; 26,1-14); i residenti si impossessavano dei pozzi, scacciando gli immigrati che li avevano scavati (*Gen* 21,25; 26,15-25); e chi entrava in una città, come quella di Sodoma, doveva subire l'oltraggio infamante della sottomissione violenta.

Sodoma e Gomorra sono l'emblema delle città cananee «maledette» proprio perché hanno esercitato il sopruso invece dell'ospitalità; ma il medesimo crimine venne perpetrato anche dai moabiti e dagli ammoniti (*Dt* 23,4-7), e pure dagli israeliti nei confronti di fratelli provenienti da un'altra tribù (*Gdc* 19,11-30). Una sofferenza ancora più acuta venne esperimentata dagli ebrei immigrati in Egitto (*Sap* 19,13-16), e dolorosa fu la condizione dei figli di Abramo nella diaspora dell'esilio (come è narrato nei libri di Daniele, di Ester e di Tobia). Questa storia, un tempo chiamata «storia sacra», ci viene affidata per ricordare il dramma delle innumerevoli migrazioni dei popoli, e per mettere davanti ai nostri occhi il vissuto doloroso di chi non è accolto.

Ogni epoca, fino alla fine dei giorni, sarà giudicata dalla sua reale capacità di ospitalità. Questa non è una pratica scontata o consolidata: è invece l'espressione di una personale coscienza etica, è il frutto di decisioni libere e coraggiose. La divina Scrittura aiuta ad assumerle, facendo maturare la consapevolezza che tutti noi siamo «come gli altri», stranieri e immigrati, e possiamo quindi capire e amare chi viene da noi. Conosciamo il precetto biblico: «Ama il prossimo tuo come te stesso» (*Lv* 19,18; *Mt* 22,39), e forse non sappiamo che vi è pure il comando di amare il forestiero che desidera risiedere nella nostra terra: «Il Signore vostro Dio [...] ama l'immigrato e gli dà pane e vestito. *Amate dunque l'immigrato*, perché anche voi foste immigrati nel paese d'Egitto» (*Dt* 10,17-19).

L'amore dell'israelita credente per il forestiero è imitazione dei sentimenti di Dio, e deve perciò tradursi in gesti simili a quelli del Signore (*Sal* 146,9). Questa tematica è incisivamente espressa nel capitolo 19 del Levitico, qualche versetto dopo il passo che prescrive l'amore per il «figlio del tuo popolo» (*Lv* 19,18): «Quando un forestiero dimorerà presso di voi nella vostra terra, non lo opprimerete. Il forestiero dimorante fra di voi *lo tratterete come colui che è nato fra di voi: tu lo amerai come te stesso*, perché anche voi siete stati forestieri in terra d'Egitto» (*Lv* 19,33-34). La distinzione tra cittadino e straniero non è abolita, ma fatta emergere per valorizzare la qualità dell'amore che rende l'altro simile a me, nell'atto stesso della benevola accoglienza.

Abramo è stato chiamato ad assumere emblematicamente la figura del forestiero per significare che Dio costantemente viene incontro agli uomini in questa veste. Abramo è l'immigrato che rappresenta il Signore che domanda di essere accolto per portare salvezza; se è rifiutato, si produce la desolazione e la morte. Il Nuovo Testamento proseguirà in questa linea: nel Vangelo di Matteo, in particolare, ci viene detto che Gesù si identifica con il forestiero, ospitato o respinto (*Mt* 25,35.43), e da questa alternativa scaturisce la benedizione (*Mt* 25,34) o la maledizione eterna (*Mt* 25,41).

D'altra parte, Abramo, proprio perché credente nel Signore, proprio perché ha acconsentito ad essere senza terra, ha maturato un cuore capace di accogliere il viandante che passava presso di lui. Mentre la città di Sodoma offende chi cerca rifugio (*Gen* 19,1-11), la tenda di Abramo si apre per ricevere, come un dono, la presenza di alcuni stranieri (*Gen* 18,1-8); questi misteriosi personaggi verranno visti come degli «angeli» (*Gen* 19,1; *Eb* 13,2), una rappresentazione cioè del divino che visita gli uomini, portando un'impensabile fecondità alla casa accogliente (*Gen* 18,9-14) e facendo scatenare la catastrofe sulla città inospitale (*Gen* 19,15-29).

Il cuore, dice dunque la Bibbia, produrrà gesti di compassione nella misura in cui custodisce la memoria della propria origine e della propria sofferenza. Chiunque, nel volto dolente e desideroso dell'immigrato, rivede l'immagine della propria storia, diventa fratello di ogni straniero. «Non opprimerai il forestiero: proprio voi conoscete l'animo del forestiero, perché siete stati forestieri in terra d'Egitto» (*Es* 23,9). A partire da questa esperienza fondatrice, che ogni generazione deve far propria spiritualmente, si può dispiegare una concreta normativa atta a favorire lo straniero che, per varie ragioni, viene ad abitare, almeno per qualche tempo, nel paese altrui.

La sapienza amorosa di Dio prima ha fatto fare esperienza della migrazione, e poi ha predisposto nella Legge una serie di utili provvedimenti a favore dei forestieri. Questa normativa biblica è legata alle condizioni socio-economiche del tempo antico; tuttavia ancora oggi essa può suggerire prospettive e iniziative di doveroso rispetto per i migranti. Non basta infatti un'estemporanea manifestazione di simpatia: chi vuole essere fedele al messaggio biblico è chiamato a obbedire al comandamento, interpretando, in modo creativo, gli spunti offerti dalla raccolta legale di Israele, così da dare ad essa pieno «compimento» (*Mt* 5,17-19).

Le disposizioni a favore degli immigrati

Anche se l'antico Israele non si trovò confrontato con masse di immigrati paragonabili a quelle odierne, bisogna comunque notare che la problematica dei migranti risultò sempre difficile a causa della proporzione tra la scarsa popolazione residente e i gruppi anche consistenti di stranieri che, specie per ragioni di disagio economico, venivano a installarsi nelle città e nei villaggi degli ebrei. Non abbiamo ovviamente delle statistiche: possiamo solo immaginare la rilevanza della questione a partire dalla quantità e varietà dei precetti che la Legge di Israele ci ha consegnato riguardanti la cura per l'immigrato.

Ogni Codice[3] inculca l'esigenza di una massima disponibilità nei confronti dei forestieri, invitando a entrare nello spirito di acco-

---

3. Nell'Antico Testamento abbiamo tre raccolte di leggi, che gli studiosi assegnano a diversi periodi della storia d'Israele. La più antica collezione si ritiene sia il Codice dell'alleanza (*Es* 20–23), seguito dal Codice deuteronomico (*Dt* 12–26) e da quello levitico (*Lv* 17–26), in epoca post-esilica. Ognuno di questi codici è caratterizzato da un modo proprio di formulare le norme e da una specifica organiz-

glienza che i singoli precetti suggeriscono. Questo spirito di amore si concretizza in dispositivi che non prevedono sanzioni pubbliche per la loro inadempienza; Dio ne è il solo garante, perché è il solo a conoscere le condizioni di ogni israelita ed è il solo a poter riversare la sua benedizione su chi opera liberalmente secondo la sua volontà.

Raggruppiamo in tre rubriche principali i numerosi precetti che riguardano i forestieri; senza alcuna pretesa di esaustività nel trattamento, facciamo emergere le istanze di senso che i legislatori antichi intendevano favorire con le loro norme.

La condivisione in ambito economico

Nei codici dell'Antico Testamento l'immigrato viene sistematicamente incluso fra le categorie economicamente sfavorite; è posto quindi accanto alla vedova e all'orfano (che sono la figura di chi è privo di sostentamento e di tutela), ed è associato al levita (il funzionario del culto che, non possedendo terreni, viveva del sussidio fornito dai fedeli) (*Dt* 16,11.14; 24,11-14; 26,12 ecc.). Inserendo il forestiero nella lista degli indigenti, fra i quali vi sono chiaramente membri del popolo ebraico, il legislatore mette sullo stesso piano tutti i miseri, considerandoli portatori di un medesimo diritto soggettivo: lo straniero, in quanto bisognoso, è come uno di casa, il forestiero per origine o costumi è da considerare come tuo fratello perché è povero.

È significativo rilevare che la legge di Israele non raccomanda l'elemosina – pratica, questa, tradizionale nel mondo antico e usanza non assente dal costume ebraico e cristiano (cfr *Sal* 112,9; *Sir* 3,30; 29,12; *Tb* 12,9; *Mt* 6,1-4; *Rm* 15,26; *1 Cor* 16,1-5; *1 Pt* 4,8) –. Di fronte a un'urgenza è ovvio che ci si aspetti il gesto immediato del soccorso (*Pr* 3,28); tuttavia la *Tôrah* chiede che la compassione verso la povera gente prenda forme meno occasionali, e soprattutto salvaguardi la dignità di colui che si trova nel bisogno.

---

zazione del materiale legale. Tutto ciò, da un lato, mostra come sia stata necessaria un'incessante attività legislativa per adattare e perfezionare la disciplina, e, d'altro lato, evidenzia come l'attenzione al povero immigrato costituisse uno dei principali doveri dell'israelita.

La Scrittura invita allora innanzitutto a provvedere alla difficoltà dell'indigente mediante l'istituto del *prestito*. Ciò può apparire meno perfetto dell'elargizione a fondo perduto. Tuttavia facciamo notare che in Israele anche il prestito è un atto gratuito, perché il creditore rischia il proprio avere senza ricavarne profitto, dato che rinuncia alla pretesa di interessi, equiparati di fatto all'usura (*Es* 22,24; *Lv* 25,35-38; *Dt* 23,20-21; *Ez* 18,8.13.17; 22,12; *Pr* 28,8). Inoltre, mediante il prestito si «fa credito» al prossimo della sua capacità e volontà di restituire; lo si tratta così da persona responsabile, stimandolo capace di saggezza, laboriosità e onestà, e in grado quindi di mettere a frutto il dono ricevuto. Infine, mediante il prestito si rende più completo il ciclo del dono, perché anche il povero, che ha ricevuto il prestito, potrà, con il favore divino, essere un giorno in grado di restituire quello che ha ricevuto, riconoscendo, nell'atto stesso del rendere, il beneficio di cui è stato oggetto.

Se – continua la Legge – è lecito esigere dal debitore un «pegno» quale garanzia della restituzione del prestito, il creditore deve comunque avere rispetto per l'indigente: non è ammesso che si entri nella casa del povero, quasi si effettuasse un sequestro, ma si dovrà aspettare la consegna fuori della porta (*Dt* 24,10-11). Il mantello dato come caparra (segno di ristrettezza estrema) deve essere restituito al tramonto del sole, perché è la coperta dei poveri (*Es* 22,25-26; *Dt* 24,12-13); e non è consentito di pignorare le pietre della macina domestica, perché «sarebbe come prendere in pegno la vita» (*Dt* 24,6).

Alla generosità nel prestare, a cui la Legge esorta (*Dt* 15,10-11), si aggiunge poi la generosità nel condonare il debito. L'insolvibilità costringeva non raramente un uomo all'asservimento suo o dei suoi figli; il riprodursi di questa dolorosa esperienza ha indotto il legislatore a introdurre una norma che prevede periodicamente la remissione di ogni debito: ogni sette anni, il creditore lascerà cadere il suo diritto (*Dt* 15,1-3), così che la povertà sia sradicata e la benedizione di Dio raggiunga tutti (*Dt* 15,4-6).

Altre disposizioni della *Tôrah* chiedono di mettere una parte delle proprie risorse economiche a disposizione dei poveri, e in particolare degli immigrati. I *proventi* dei campi sono, per l'antico Israele, la prima e più fondamentale forma di ricchezza, da interpretare come simbolo di tutto ciò che si «raccoglie» quale frutto del proprio lavoro e della benedizione divina. La Legge domanda che tali proventi non siano totalmente accaparrati dal proprietario dei terreni, ma che una parte venga lasciata, quasi fosse dimenticata, nel campo stesso, e quindi messa a disposizione dei miseri e degli immigrati.

Quando mieti, dice il precetto biblico, non preoccuparti di prendere tutto, e non tornare indietro a spigolare; la stessa cosa va fatta anche per la raccolta delle olive e per la vendemmia (*Dt* 24,19-22; *Lv* 19,9-10; 23,22). Si tratta, per chi sa leggere e interpretare, di una norma di straordinario valore simbolico. Presa alla lettera, la prescrizione può sembrare meschina e offensiva per il povero (quasi fosse un animale a cui sono lasciati i resti del pasto del ricco), ma, correttamente interpretata, significa che la benedizione che Dio ha accordato al possidente deve ricadere, senza degnazioni e con totale discrezione, anche sui poveri.

Il libro del Deuteronomio, il più sensibile allo statuto dell'immigrato, va oltre la disciplina della condivisione nel momento del raccolto: immagina che il proprietario abbia adesso in casa sua, nei suoi depositi, il frutto della terra e del suo lavoro; su questo bene, che è suo, il legislatore, a nome del Dio dei poveri, interviene per dischiudere successive piste di elargizione.

La legge delle *primizie* (*Dt* 26,1-11) dice che i primi proventi della terra devono essere messi in una cesta e portati dal sacerdote, così da essere distribuiti al levita e al forestiero (v. 11). Solo se si capisce il valore accordato alle primizie si può capire quanto sia importante e coraggiosa questa norma: si chiede infatti all'erede della promessa di donare allo straniero i migliori prodotti del proprio terreno, i quali tra l'altro, nel momento in cui sono raccolti e distribuiti, sono gli unici a disposizione, dato che una qualche disgrazia potrebbe distruggere il successivo raccolto. Il povero immigrato non è dunque colui che deve accontentarsi dei resti lasciati nei campi: egli viene «servito» con le prelibatezze che danno gioia e speranza agli stessi proprietari.

C'è poi la legge della *decima*, che è una sistematica decurtazione del reddito, dato che, di tutto ciò che si è ricavato, una parte significativa deve essere destinata ai poveri. Una decima speciale si raccoglie infatti ogni tre anni, ed è destinata al levita, al forestiero, all'orfano e alla vedova (*Dt* 14,28-29 e 26,12-13; cfr anche *Tb* 1,8).

Non sappiamo come concretamente funzionasse questo sistema di prelevamento dei beni e di ridistribuzione della ricchezza; in particolare, non sappiamo quanto l'esecuzione fosse obbligatoria e quindi esigibile dall'autorità competente. È certo però che l'ebreo ritiene «cosa sacra» ciò che appartiene ai poveri (*Dt* 26,13), e si riterrebbe gravemente colpevole se non obbedisse a questa legge divina. Le moderne regole di tassazione della ricchezza, in ordine ad apprestare i necessari servizi pubblici e sovvenire ai bisogni dei senza reddito, corrispondono all'intenzione del legislatore biblico. Resta comunque un ampio margine per la libera e coraggiosa iniziativa dei singoli operatori sociali, i quali, di fronte al grido dei poveri, sono chiamati a condividere il loro patrimonio secondo uno spirito di fiduciosa generosità.

Queste regole hanno una matrice religiosa, per le motivazioni che le ispirano e per il contesto in cui sono inserite; esse suppongono come accertata la fede in Dio e nella sua provvidenza. Il legislatore biblico aggiunge allora un collegamento esplicito tra il mondo religioso e il mondo della condivisione, facendoli convergere nel santuario, rendendo la celebrazione liturgica un'occasione propizia per favorire i poveri.

Il santuario, si sa, era il luogo dove i credenti antichi si radunavano per ringraziare Dio e supplicarlo; l'espressione concreta di questa preghiera avveniva mediante offerte e sacrifici, molti dei quali servivano per dar da mangiare ai sacerdoti e agli addetti al culto, ma anche ai tanti indigenti che frequentavano i luoghi sacri (*Dt* 12,12). Il tempio era così centro della celebrazione della vita, non solo in senso spirituale; infatti, specialmente in occasione delle grandi feste agricole, nello spazio sacro venivano distribuiti gratuitamente pane, carne, vino e bevande inebrianti. La gioia per la comunione con il Signore e per la sua benedizione veniva condivisa da tutta la comunità, con la presenza esplicita dell'immigrato (*Dt* 16,11.14): l'offerente, con la sua famiglia, si faceva così padre dei poveri, fratello dello straniero.

La tutela giuridica

I provvedimenti economici a favore del forestiero, particolarmente suggestivi, sono poi articolati, nella Legge biblica, in altre importanti normative che garantiscono il diritto dell'immigrato nei vari settori del suo vivere e nelle diverse esigenze della sua persona. In questo ambito l'immigrato è equiparato al cittadino: «Ci sarà per voi una sola legge per il forestiero e per l'indigeno» (*Lv* 24,22). Due sono i settori che, in particolare, meritano di essere precisati: *a)* la normativa sul lavoro; *b)* il diritto del forestiero nei tribunali.

a) Abbiamo detto che l'immigrato appartiene alla classe dei poveri, perché non ha risorse stabili provenienti dal possesso di terreni; il lavoro artigianale più remunerativo, d'altra parte, non è certo lasciato ai forestieri. La Legge di Israele non dice nulla sull'offerta di lavoro per gli immigrati; probabilmente non vennero trovate modalità concrete per disciplinare tale settore. Ciò che viene protetto è la garanzia del *salario*, dato puntualmente: «Non defrauderai il salariato povero e bisognoso, sia egli uno dei tuoi fratelli o uno dei forestieri che stanno nella tua terra, nelle tue città. Gli darai il suo salario il giorno stesso, prima che tramonti il sole, perché egli è povero e a quello aspira. Così egli non griderà contro di te al Signore e tu non sarai in peccato» (*Dt* 24,14-15).

Da questa citazione traspare tutta la precarietà della vita dell'immigrato, e il rischio grave prodotto dalla mancanza di una giusta retribuzione. Facciamo notare, ancora una volta, come, su questo punto, fratello e straniero siano equiparati di fronte alla Legge, e siano per Dio oggetto di identica attenzione.

La Legge di Mosè tutela inoltre il *riposo* del lavoratore dipendente: la tradizione del sabato anche per l'immigrato è addirittura sancita nel Decalogo (*Es* 20,10 e *Dt* 5,14; cfr anche *Es* 23,12); nella formula «affinché si riposino *come te*» vediamo ribadita l'idea dell'uguaglianza tra padre e figlio, tra padrone e servo, tra autoctono e straniero, nel ricordo riconoscente del Dio Creatore di tutti e del Signore liberatore degli schiavi.

Certo, il rispetto che oggi si richiede per il lavoratore immigrato non può limitarsi a questi punti, ma lo spirito della Legge è quello di introdurre, là dove è possibile, il principio di uguaglianza e di fraternità, per evitare il grave peccato dell'oppressione del forestiero.

b) Un diritto, anche se riconosciuto dal costume, non è veramente tutelato, se non è assunto dall'istituzione giurisdizionale. Quindi, il diritto dell'immigrato a un giusto salario, al riposo settimanale, ma anche alla libertà di spostamento[4], all'autonoma iniziativa commerciale, al matrimonio e così via, fino alla difesa giuridica presso un tribunale, tutto questo è sostanzialmente assunto dalla Legge di Israele e ribadito a più riprese nei suoi codici.

Il Deuteronomio, ancora una volta, è il libro che più esplicitamente sottolinea la questione del *diritto* dell'immigrato. Nel racconto dell'istituzione giudiziaria, Mosè prescrive ai giudici un'assoluta imparzialità ed equità nel giudicare: «Ascoltate le cause dei vostri fratelli e giudicate con giustizia le questioni che uno può avere con il fratello o con il forestiero che sta presso di lui» (*Dt* 1,16).

Non si tutela quindi esclusivamente il cittadino, ma chiunque abbia ragione, poiché chi giudica ha il dovere di «dare ascolto al piccolo come al grande» senza temere nessuno, «poiché il giudizio appartiene a Dio» (*Dt* 1,17). Il Deuteronomio considera gravissima la «distorsione del diritto dell'immigrato», e su questo punto prevede addirittura un impegno giurato da parte di tutto Israele (*Dt* 27,19).

L'integrazione culturale

Persistono naturalmente numerosi elementi di differenza tra lo statuto dell'ebreo (fratello) e quello dell'immigrato (straniero); proprio per questa ragione la Legge prospetta delle norme che tendono a mitigare tale sperequazione, e introduce princìpi correttivi che favoriscono l'uguaglianza e la fraternità.

Colpisce, a tale proposito, il fatto che nella *Tôrah* non si parli degli immigrati come di una realtà «marginale», confinata in ghetti, ma di gente che abita in mezzo a Israele. Questa notazione serve per far capire che l'accoglienza raggiunge la sua perfezione quando

---

4. A questo proposito, possiamo ricordare che in Israele vigeva la norma, davvero insolita nel mondo antico, di accogliere anche lo schiavo fuggitivo, lasciandogli il diritto di scegliere in quale città risiedere (*Dt* 23,16-17).

riesce a integrare lo straniero, a incorporarlo, a renderlo parte di una medesima comunità. È da supporre che i forestieri in Israele cercassero di inserirsi nel paese mediante l'apprendimento della lingua, e accettando i costumi del popolo che li accoglieva. Già abbiamo visto che lo straniero partecipava alle feste del raccolto e al ciclo lavorativo settimanale, adattandosi ai ritmi della produzione e del riposo tipici di Israele.

Ci sembra chiaro tuttavia che l'immigrato, specie se trovava accoglienza generosa, tendeva a sposare i valori giuridici e religiosi del popolo ospite, non solo per una migliore intesa, ma anche perché vi riconosceva l'ideale morale a cui egli stesso aspirava, e perché veniva a «conoscere» un Dio a cui era bello potersi affidare. Non ci fu, durante la storia vetero-testamentaria, un movimento significativo di proselitismo; ma se Israele non cercava adepti, vi erano però coloro che, vivendo in mezzo agli ebrei, chiedevano di far parte di questo popolo in maniera più stretta, con vincoli di maggiore solidarietà. Si spiega così il fatto che il termine *gēr*, che per molto tempo ha significato solo «immigrato», assuma in testi tardivi il valore di «proselito», cioè di colui che non solo abita con Israele, ma che si assimila a lui religiosamente con l'accettazione della medesima Legge.

Di particolare valore è l'ammissione dell'immigrato alla celebrazione della Pasqua, a patto che sia circonciso (*Es* 12,47-49; *Nm* 9,14): si tratta di una possibilità, non di un obbligo, sulla base di una richiesta a cui Israele deve consentire senza rinchiudersi in un isolazionismo etnico. Non stupisce che l'immigrato voglia celebrare la festa della liberazione degli schiavi, che il Signore ha riscattato e a cui ha offerto una legge di libertà e di dignità. Non stupisce neppure che l'immigrato chieda la circoncisione, il «segno» di Abramo il migrante (*Gen* 17), mentre meraviglierà forse che l'ebreo accetti di donare allo straniero il segno della sua privilegiata alleanza e della sua speciale benedizione.

Celebrare la Pasqua assieme non è un atto staccato dal resto dell'esistenza; in questo gesto, infatti, viene significata una comune alleanza, una perdurante comunione di vita. Questo progressivo fenomeno di integrazione religiosa sembra trovare figura ideale in un testo tardivo del Deuteronomio che, elencando i componenti del popolo dell'alleanza nuova (quella che va «oltre» l'alleanza sinaitica:

Dt 28,69), vi include anche il forestiero: «Oggi voi state tutti davanti al Signore vostro Dio, i vostri capi, le vostre tribù, i vostri anziani, i vostri scribi, tutti gli Israeliti, i vostri bambini, le vostre mogli, *il forestiero che sta in mezzo al tuo accampamento*, da chi ti spacca la legna a chi ti attinge l'acqua, per entrare nell'alleanza del Signore tuo Dio» (*Dt* 29,9-11; cfr anche 31,12).

L'idea espressa qui è che il vero Israele è quello che accoglie al suo interno il non-Israele per renderlo partecipe della relazione con il vero Dio, della saggezza della sua Legge e della benedizione che ne consegue.

In conclusione, l'ideale tracciato dalla Scrittura è offerto a tutti come una via di bene. Come il padre trasmette la legge ai figli perché vi sia concordia nella casa e giusto rispetto per ognuna delle diverse individualità, così, analogamente, l'ebreo trasmette la sua legge al forestiero come strumento di comunione, così che colui che è stato accolto e nobilitato diventi a sua volta mediatore di accogliente benevolenza.

LA BIBBIA: UNA BIBLIOTECA
SCRITTA DA MIGRANTI

Dominik Markl S.I.

Tutti abbiamo avuto modo di vedere quanti migranti vengano recuperati dal mare: uomini, donne e bambini che sono annegati durante il loro viaggio. In molte scuole, poi, vi sono classi con dei rifugiati: bambini e giovani che, grazie a Dio, ce l'hanno fatta. Ma anche moltissime persone nate nei nostri Paesi hanno un passato di migrazione. Motivi sufficienti per riflettere sulla fuga e sulle migrazioni. Uno sguardo alla storia dell'umanità mostra fino a che punto siamo tutti dei migranti. Nella Bibbia possiamo vedere con quanta intensità gli esseri umani pensassero alla fuga e alla migrazione già più di due millenni fa[1].

Gli esseri umani come migranti

Il genere umano, quando giunse in Europa 40.000 anni fa, proveniva dal continente africano, avendo non soltanto avuto lì le sue origini, ma anche compiuto lì il suo processo di evoluzione per 100.000 anni. Gli esseri umani furono costretti ad essere dei viaggiatori, per seguire le mandrie di animali, e dei corridori, per sopravvivere agli altri mammiferi. Erano capaci di inseguire le gazzelle fino allo sfinimento e di dare loro il colpo di grazia con dei sassi. Soltanto quando i deserti del Nord Africa e dell'Arabia cominciarono a fiorire essi attraversarono il *rift*, la fossa tettonica continentale, verso l'India, poi verso l'Australia, e solo in seguito alla volta dell'Europa. L'*Homo sapiens* vagabondò ancora più lontano, al termine dell'ulti-

---

1. Questo articolo è una versione leggermente modificata del nostro scritto «Flucht und Migration! Was sagt die Bibel dazu?», in *Religion lehren und lernen in der Schule* 17/2 (2017) 4-7.

ma era glaciale, attraverso la Siberia verso l'America. Ed è in quanto migranti che gli esseri umani scoprirono il mondo.

Nelle civiltà evolute, gli esseri umani si organizzarono in moltitudini, partirono alla conquista di nuove terre e costrinsero i popoli a fuggire o li fecero prigionieri. Già nei tempi antichi molte migliaia di persone furono esiliate con la forza. In tempo di pace, fu la fame che costrinse le popolazioni a spostarsi verso nuove parti della terra. Coloro che cercavano migliori opportunità divennero rifugiati economici, sottraendosi così al rigido inverno europeo. Quelli che noi ora chiamiamo «americani» erano per lo più emigranti e rifugiati economici provenienti dall'Europa. Gli abitanti del Nord trasportarono milioni di persone dall'Africa verso l'America, spingendo nel frattempo gli abitanti originari nei più remoti angoli del continente.

Adattandosi – se costretta, forzata o indotta con lusinghe – alla propria esistenza con le ricerche e con i viaggi, l'umanità raffigura la sua grande mobilità anche nei miti, vagando per il Mediterraneo nell'*Odissea*, attraverso il mare e il deserto nell'esodo biblico. E anche la Bibbia è una piccola biblioteca da portare nel bagaglio a mano, scritta da e per dei migranti.

Adamo, cacciato dal Paradiso: all'origine dell'umanità

Adamo, «uomo», ed Eva, «vita», devono lasciare la loro prima dimora, il Paradiso, dopo che la tentazione alla disonestà li ha sopraffatti, costringendoli a un codardo gioco a «nascondino» (cfr *Gen* 3,8), e dopo che la vergogna per la vulnerabilità del loro essere nudi li ha indotti a nascondersi (cfr *Gen* 2,25; 3,10). Questa storia delle origini nella Genesi sembra scandagliare le profondità psichiche della natura irrequieta e agitata del genere umano. Ha qualcosa a che vedere con la diffidenza, con un'incomprensibile paura che non consente all'uomo di stare in piedi al cospetto di Dio in libertà e verità.

Questo appare evidente non appena la colpa assume forme tangibili e drammatiche. Caino uccide suo fratello Abele, e presto, dopo un breve periodo di insolente, arrogante rimozione – «Non lo so. Sono forse io il custode di mio fratello?» (*Gen* 4,9) –, viene sopraffatto dalla paura: «Troppo grande è la mia colpa per ottenere perdono. Ecco, tu mi scacci oggi da questo suolo e dovrò nascondermi lontano da te; io sarò ramingo e fuggiasco sulla terra e chiunque mi incontrerà mi ucciderà» (*Gen* 4,13-14). Così come Dio ha vestito Adamo ed Eva con del pellame (cfr *Gen* 3,21), allo stesso modo protegge Caino con un segno (*Gen* 4,15) per rendere la sua vita più sopportabile.

Il resto del libro della Genesi pullula anch'esso di episodi di fuga e di migrazione. Soltanto la famiglia di Noè sopravvisse al diluvio. Stipato nell'arca sul monte Ararat, il genere umano ricomincia tutto daccapo sotto il segno dell'arcobaleno (8,13-9,16). La costruzione della Torre di Babele, con la quale il genere umano desiderava forgiarsi un nome, ha come risultato la divisione per lingua e per territorio (11,1-9). Abramo, il patriarca d'Israele, proviene da Ur, nel sud dell'attuale Iraq, ed emigra con suo padre Terach a Harran, nel nord della Siria (11,31). In seguito è la chiamata da parte di Dio che lo conduce a una nuova terra (12,1). Ma la sua famiglia deve fuggire nuovamente. La carestia costringe lui e più tardi l'intera famiglia di Giacobbe (Israele) verso l'Egitto (12,10; 46,6).

Le grandi storie della Bibbia, come quelle di Giuseppe e i suoi fratelli e di Noemi e Rut, si sviluppano su palcoscenici stranieri. In una terra straniera e malsicura, le relazioni raggiungono una drammatica profondità. In terra straniera avviene la riconciliazione tra Giuseppe e i fratelli (cfr *Gen* 45,1); lì si manifesta la fedeltà assoluta nelle due donne (libro di Rut). Sulla base di conflitti risolti, la famiglia d'Israele cresce in Egitto fino a diventare un popolo (cfr *Es* 1,1-7); e il re Davide proviene dalla fedeltà di Rut (cfr *Rt* 4,22). È in terra straniera, dall'esilio e dalla diaspora, che vengono messe in risalto la saggezza di Daniele, la forza di Ester e la religiosità di Tobia.

È mentre sono in fuga o in viaggio che Giacobbe (cfr *Gen* 28; 32,25-33), Elia (cfr *1 Re* 1,1-7) e Giona incontrano Dio, particolarmente vicino, soverchiante e sorprendente. In mezzo ai pericoli del viaggio Tobia sperimenta la protezione dell'angelo Raffaele, per poi diventare a sua volta un guaritore. Innumerevoli racconti della Bibbia sviluppano quello che la Genesi mostra come la storia dell'origine dell'umanità: il viaggio è lo scopo del genere umano, così profetico e così pieno di sviluppi, perché apre sempre nuove prospettive.

Esodo: mito fondatore ed «ethos» fondamentale

Davanti al roveto ardente, in mezzo al deserto, di fronte al monte Sinai dal granito marrone rossiccio, a piedi nudi e con il volto coperto, Mosè chiede a Dio qual è il suo nome. Dio gli risponde: «Io sono colui che sono», o: «Io sarò colui che sarò» (*Es* 3,14). A tal punto è misterioso il significato del nome Yhwh al roveto ardente, e in modo così tangibile si presenta il carattere proprio di Dio. Yhwh è apparso a Mosè perché ha ascoltato le grida degli Israeliti in Egitto (cfr *Es* 2,23-25; 3,7.9), perché desidera impegnarsi con loro senza compromessi e liberarli dal potere del Faraone (cfr *Es* 3,8.15-22). La fuga attraverso il mare dei Giunchi (cfr *Es* 14) conduce, di fatto, alla nascita di un popolo. È come popolo di rifugiati che Israele diventa il popolo di Dio.

Quello che può sembrare un mito romantico e un racconto di *suspense* si rivela essere, al più tardi al monte Sinai, un importante principio di etica sociale. Perché, nel concludere l'alleanza al Sinai (cfr *Es* 19-24), Dio richiede dal suo popolo liberato un impegno che è connesso alla sua liberazione: «Non opprimerai il forestiero: anche voi conoscete la vita del forestiero, perché siete stati forestieri in terra d'Egitto» (*Es* 23,9). Il Dio della Bibbia è un Dio di liberazione, un Dio dei migranti.

Le leggi per la protezione degli stranieri attraversano tutto il Pentateuco e aumentano come in un crescendo sinfonico. Se il Libro dell'Alleanza (cfr *Es* 21-23) si era limitato a proibire l'oppressione degli stranieri, il Codice di santità va ben oltre: «Il forestiero dimorante fra voi lo tratterete come colui che è nato fra voi; tu l'amerai come te stesso, perché anche voi siete stati forestieri in terra d'Egitto. Io sono il Signore, vostro Dio» (*Lv* 19,34). Se il Codice di santità raccomanda l'amore umano nei confronti dei forestieri, Mosè rincara la dose nel Deuteronomio. È Dio stesso che «rende giustizia all'orfano e alla vedova, ama il forestiero e gli dà pane e vestito. Amate dunque il forestiero, perché anche voi foste forestieri nella terra d'Egitto» (*Dt* 10,18-19). Questa frase fondamentale attraversa come un ritornello le leggi del Pentateuco. L'esperienza dell'esodo fatta da Israele è la base per il suo *ethos* (carattere particolare), come viene spiegato nella *Torah*, già all'inizio del Decalogo (cfr *Es* 20,2; *Dt* 5,6), e nell'insegnamento dato ai figli (cfr *Dt* 6,20-25). L'esperienza della libertà reca con sé un impegno.

Il trauma dell'esilio e il sogno di avere una patria

Se il Pentateuco, dal momento in cui Abramo si mette in marcia fino alla morte di Mosè, aveva indirizzato il nostro sguardo verso la Terra promessa (cfr *Gen* 12,1; 13,14-15; *Dt* 34,1-4), che Israele infine raggiunge sotto la guida di Giosuè, il resto della storia (deuteronomica) del popolo precipita verso la perdita di quella stessa terra. Verso il 720 a.c. gli Israeliti del Regno del Nord vengono deportati dagli Assiri in Mesopotamia (cfr *2 Re* 17), e lo stesso destino tocca a Gerusalemme e a Giuda verso il 587 a.c. sotto i Babilonesi (cfr *2 Re* 25). Coloro che non sono costretti ad andare a Babilonia fuggono in Egitto (cfr *2 Re* 25,26): è l'anti-esodo, proibito da Dio (cfr *Dt* 17,16; *Ger* 42,13-19), ma già lasciato intravedere da Mosè (cfr *Dt* 28,68). La storia si conclude così. Il motivo della catastrofe è – secondo i deuteronomisti – la collera di Dio, in fin dei conti la colpa dei re e del popolo (cfr *2 Re* 24,20). Già Mosè aveva predetto, nelle sue peggiori maledizioni, gli orrori dell'assedio e dello straniero (cfr *Dt* 28,48-68).

Nel discorso di Mosè, tuttavia, viene espressa anche la speranza per il futuro: «Quando tutte queste cose che io ti ho posto dinanzi, la benedizione e la maledizione, si saranno realizzate su di te e tu le richiamerai alla tua mente in mezzo a tutte le nazioni dove il Signore, tuo Dio, ti avrà disperso, se ti convertirai al Signore, tuo Dio, e obbedirai alla sua voce, tu e i tuoi figli, con tutto il cuore e con tutta l'anima, secondo quanto oggi io ti comando, allora il Signore, tuo Dio, cambierà la tua sorte, avrà pietà di te e ti raccoglierà di nuovo da tutti i popoli in mezzo ai quali il Signore, tuo Dio, ti aveva disperso. Quand'anche tu fossi disperso fino all'estremità del cielo, di là il Signore, tuo Dio, ti raccoglierà e di là ti riprenderà» (*Dt* 30,1-4). La scelta tra la vita e la morte dipende dall'obbedienza alla *Torah* (cfr *Dt* 30,15-20), che comunque è molto facile da osservare, perché è vicina al fedele, «nella tua bocca e nel tuo cuore» (*Dt* 30,14). La *Torah*, messa per iscritto da Mosè (cfr *Dt* 31,9), diventa, per quelli che vivono nella diaspora come pure per coloro che erano ritornati alla Terra promessa, la parola di vita mandata a memoria (cfr *Dt* 32,46).

Canti di lamentazione e libri di consolazione

Tuttavia il trauma per la distruzione di Gerusalemme non è stato dimenticato. «Lungo i fiumi di Babilonia, là sedevamo e piangevamo ricordandoci di Sion» (*Sal* 137,1). Le Lamentazioni illustrano dettagliatamente il dolore in poemi organizzati alfabeticamente dalla A alla Z. Esse culminano in una richiesta disperata: «Facci ritornare a te, Signore, e noi ritorneremo, rinnova i nostri giorni come in antico. Ci hai forse rigettati per sempre, e senza limite sei sdegnato contro di noi?» (*Lam* 5,21-22).

I grandi profeti sono stati segnati profondamente dall'esilio e dalla fuga. Ezechiele si ritrova tra gli esuli sull'Eufrate (cfr *Ez* 1,1-3). Geremia scompare tra coloro che fuggono in Egitto (cfr *Ger* 43-44). Il libro di Isaia è come se fosse diviso in due: tra l'annuncio dell'imminente esilio (cfr *Is* 39) e la predizione della sua fine (cfr *Is* 40) si spalanca un abisso. Un dolore inesprimibile ha fatto scaturire calde parole di consolazione, che richiamano di nuovo alla mente i temi dominanti dell'esodo. «Consolate, consolate il mio popolo – dice il vostro Dio. Parlate al cuore di Gerusalemme e gridatele che la sua tribolazione è compiuta [...]. Una voce grida: "Nel deserto preparate la via al Signore, spianate nella steppa la strada per il nostro Dio"» (*Is* 40,1-3). L'esperienza della prigionia si trasforma in una chiamata alla libertà. «Io, il Signore, ti ho chiamato per la giustizia e ti ho preso per mano; ti ho formato e ti ho stabilito come alleanza del popolo e luce delle nazioni, perché tu apra gli occhi ai ciechi e faccia uscire dal carcere i prigionieri, dalla reclusione coloro che abitano nelle tenebre» (*Is* 42,6-7).

Geremia è colui che più inesorabilmente annuncia e sviluppa la catastrofe dell'esilio. Ma nella parte centrale della sua monumentale accusa contro Israele c'è un brano di consolazione (cfr *Ger* 30-31), variamente espresso in immagini maschili e femminili: «Ma tu non temere, Giacobbe, mio servo – oracolo del Signore –, non abbatterti, Israele, perché io libererò te dalla terra lontana, la tua discendenza dalla terra del suo esilio. Giacobbe ritornerà e avrà riposo, vivrà tranquillo e nessuno lo molesterà [...]. Ti ho amato di amore eterno, per questo continuo a esserti fedele. Ti edificherò di nuovo e tu sarai riedificata, vergine d'Israele. Di nuovo prenderai i tuoi tamburelli e avanzerai danzando tra gente in festa» (Ger 30,10; 31,3-4). L'affermazione di Geremia del ritorno a casa culmina nella promessa della «nuova alleanza» (Ger 31,31), che ha conferito il suo nome al Nuovo Testamento.

«Le volpi hanno le loro tane... Andate e fate discepoli tutti i popoli»

La fuga d'Israele in Egitto e l'esodo riecheggiano nella primissima infanzia di Gesù di Nazaret, come ci viene narrato da Matteo (cfr Mt 2,13-21). Gesù stesso, quando inizia la sua missione, diventa irrequieto. È al Giordano – nel rift continentale, la rotta di transito del genere umano, dove Israele entrò nella Terra promessa – che Gesù riceve il battesimo (cfr Mt 3,13). Egli diviene un predicatore errante, non ha una tana come le volpi e non ha un nido come gli uccelli (cfr Mt 8,20; Lc 9,58). I suoi discepoli vanno in giro per il mondo con lui. Nel corso della sua vita egli li invia in villaggi e città della Palestina (cfr Mt 10; Lc 10). Dopo la sua risurrezione egli estende la sua missione al mondo intero: «Andate dunque e fate discepoli tutti i popoli» (Mt 28,19).

Coloro che hanno intrapreso questo viaggio arrivano a conoscere tutti i pericoli della vita errabonda: la xenofobia, la rapina, il naufragio (cfr 2 Cor 11,25-27). La Chiesa primitiva prende l'avvio dai viaggi di missione, come ci narrano gli Atti degli Apostoli. Non a caso, i più antichi documenti del cristianesimo sono lettere: scritti scanditi dalle soste effettuate da Paolo, nati per sollecitudine nei confronti di coloro che sono rimasti indietro. L'ostinazione politicamente sovversiva dei cristiani, i quali rifiutavano di inchinarsi davanti alle statue degli imperatori romani, li rese nuovamente profughi. Per coloro che non fuggirono, i cristiani speravano in un ultimo viaggio: quello verso la Gerusalemme celeste (cfr Ap 21-22).

Siamo tutti dei migranti, con la Bibbia nel nostro bagaglio a mano

Proveniamo tutti dal continente africano. Gli esseri umani sono migranti per natura: a partire dalla Genesi, sono sempre stati in fuga. Adamo, cacciato dal Paradiso, rimane irrequieto, tormentato dal sudore e dall'ansia. La storia della diaspora ebraica e della missione cristiana si è incrociata con l'espansione islamica, con le carovane, le vie della seta, la colonizzazione, con la scoperta di nuovi mondi. La storia della religione è anch'essa inserita nella storia della mobilità dell'essere umano.

Quale enorme contrasto esiste tra la storia piena di speranza della liberazione dal mare dei Giunchi e la fuga attraverso il mar Mediterraneo, che è diventata un «racconto dell'orrore» dei nostri tempi! Il Mediterraneo, che fin dai tempi dei Fenici collegava Africa, Asia ed Europa in un'unica area culturale, e che consentì a Roma di diventare un impero mondiale su tre continenti, è diventato un fossato per la «Fortezza Europa». Il mito fondatore giudeo-cristiano ci rammenta il suo *ethos* fondamentale. Il mondo intero è affidato in custodia all'umanità nel suo complesso. Non abbiamo altra alternativa che coltivare insieme questo immenso tesoro.

Siamo sempre stati dei migranti sulla strada verso l'eternità. Siamo degli ospiti sulla Terra, e portiamo con noi, nel nostro bagaglio a mano, la Bibbia – la saggezza accumulata da millenni –, insieme ad altri grandi libri. Solo sulla nostra bocca e nel nostro cuore essa diventa la parola di vita. Il modo in cui noi viaggiamo e siamo ospiti, il modo in cui andiamo incontro ad altri migranti, mostra quale sia il nostro atteggiamento nei confronti della nostra misteriosa origine e destinazione.

NODO POLITICO GLOBALE

IL FENOMENO DEI MIGRANTI IN EUROPA

Giovanni Sale S.I.

La crisi dei migranti è passata?

La crisi dei rifugiati e dei migranti, che ha conosciuto il suo apice nel 2015-16 – quando milioni di profughi siriani si riversarono in Europa, sia percorrendo la rotta balcanica (presto ermeticamente chiusa dai Paesi di transito e di destinazione), sia attraversando il Mediterraneo – è realmente passata o quantomeno si è fortemente ridotta? La «stretta securitaria» in materia di immigrazione, decisa dai governi dell'Unione Europea (Ue) negli ultimi due anni, è stata capace veramente di eliminare come per incanto un fenomeno così complesso e articolato? Le recenti stime ufficiali in materia di immigrazione a tale riguardo, almeno per quanto concerne l'Italia, sembrano dare ragione a questa interpretazione.

In realtà, già durante il precedente governo Gentiloni, grazie al ministro dell'Interno Minniti, si erano ottenuti risultati apprezzabili nella lotta contro l'immigrazione clandestina dalla Libia – al fine, si diceva, di contrastare la «tratta degli esseri umani» nella sponda Sud del Mediterraneo –, facendo diminuire notevolmente il numero di immigrati che arrivavano nel nostro Paese. Questa politica, secondo molte organizzazioni umanitarie – e non solo –, aveva punti deboli e non teneva in debito conto la tutela dei diritti umani. Il progetto Minniti prevedeva la limitazione dell'azione delle imbarcazioni gestite dalle Ong internazionali che salvano vite umane in mare, e il finanziamento in Libia di quelle stesse milizie implicate nel traffico dei migranti verso le coste italiane. I centri di detenzione dei migranti, che secondo il progetto dovevano essere gestiti e controllati da organismi internazionali, si sono trasformati in vere e proprie prigioni, dove sono stati accertati numerosi episodi di stupro e di violenza.

Il nuovo governo giallo-verde già dall'inizio ha impostato – come preannunciato durante la campagna elettorale – una politica in materia migratoria improntata al principio di «tolleranza zero». Il nuovo ministro dell'Interno, il leghista Salvini, al fine di costringere l'Ue ad affrontare – in un quadro europeo e non soltanto nazionale – il grave problema dell'immigrazione verso le nostre coste, ha minacciato la chiusura dei porti italiani a tutte le Ong – e non soltanto a queste – operanti nel Mediterraneo, come nei recenti casi delle navi Aquarius e Diciotti, destando forti riserve circa il rispetto delle norme di diritto internazionale in materia di navigazione e degli obblighi umanitari sul soccorso e sulla protezione delle persone in difficoltà.

Secondo i dati dell'Alto Commissariato delle Nazioni Unite per i rifugiati (Unhcr), tra il 1° gennaio e il 30 settembre 2018 sono sbarcate in Italia 20.571 persone, l'80% in meno rispetto ai primi nove mesi del 2017[1]. L'elemento nuovo rispetto al passato è che molte di esse (20%) provengono dalla Tunisia, Paese dove non vi è nessun conflitto e neppure un governo dittatoriale, e quindi non godono della protezione internazionale. Le altre provengono dall'Eritrea (16%), dal Sudan, dalla Nigeria e dal Pakistan. Un'altra novità delle recenti immigrazioni in Europa è che il Paese con il maggior numero di immigrati via mare – ma anche via terra, attraverso le *enclave* di Ceuta e Melilla – è la Spagna, che recentemente, con il nuovo governo a guida socialista, ne ha accolti più di 40.000[2].

---

1. Cfr F. COLOMBO, «Quanti migranti stanno arrivando nel 2018?», in *Le Nius* (www.lenius.it/migranti2018/), 5 novembre 2018. Quanti sono i cosiddetti «irregolari» che vivono oggi in Italia? A tale riguardo, le statistiche fornite dagli organi ufficiali sono soltanto indicative, anche perché molti di essi, come i richiedenti asilo degli ultimi anni, sono soltanto transitati «anonimamente» in Italia, per poi andare nei Paesi del Nord Europa. Secondo Stefano Allievi, quelli rimasti in Italia sarebbero tra i 200.000 e i 300.000, secondo altri invece sarebbero circa 450.000. Una parte di essi sono persone sbarcate negli anni precedenti, la cui richiesta di asilo non è stata accolta; un'altra parte sono persone che erano regolari al momento dell'ingresso, ma che, non avendo più un lavoro, hanno perso anche il diritto al permesso di soggiorno. Questo è il frutto «di una legalizzazione, che in un certo senso produce illegalità» (S. ALLIEVI, *5 cose che tutti dovremmo sapere sull'immigrazione [e una da fare]*, Roma - Bari, Laterza, 2018, 28).
2. Cfr U. LADURNER, «La prossima frontiera», in *Internazionale*, 24 agosto 2018, 56.

La popolazione dei migranti, sia in Europa sia in altre parti del mondo, nel XXI secolo è andata crescendo, perché gli esodi generati dalle nuove guerre, come quella in Siria, si vanno a sommare allo stillicidio di conflitti stagnanti e in qualche modo dimenticati dalle grandi potenze, che in passato li hanno generati. Ad esempio, quelli in Afghanistan o in Somalia, che affondano le loro radici nelle vicende della «guerra fredda» o nei primi anni del nuovo «ordine mondiale» a guida statunitense[3]. Non dobbiamo dimenticare, infine, che l'Afghanistan per circa 30 anni ha prodotto il maggior numero di rifugiati, che si sono dispersi in diverse parti del mondo[4].

Nonostante il calo degli «arrivi illegali», pensare che la crisi dei rifugiati e dei migranti sia terminata è un grave errore, un'illusione, perché non si tiene conto innanzitutto della natura complessa del fenomeno, e poi del fatto che le cause scatenanti, oltre a quelle di carattere economico, politico e demografico-ambientale – almeno per quanto riguarda i profughi che fuggono dalle guerre mediorientali e africane –, non sono scomparse, e potrebbero in ogni momento riattivarsi, come nel caso siriano. Un'eventuale rottura degli accordi stipulati dalle grandi potenze (Russia, Turchia, Iran) riguardo alla situazione nella regione di Idlib, dove sono concentrati migliaia di jihadisti e oppositori «spostati» da altre zone, potrebbe provocare circa tre milioni di profughi, molti dei quali si muoverebbero verso l'Europa.

---

3.   Cfr A. MORALES, *Non siamo rifugiati. Viaggio in un mondo di esodi*, Torino, Einaudi, 2017, 14. Tra gli studi recenti sull'immigrazione, segnaliamo: D. QUIRICO, *Esodo. Storia del nuovo millennio*, Roma, Neri Pozza, 2016; A. LEOGRANDE, *La frontiera*, Milano, Feltrinelli, 2015; G. SCIORTINO, *Rebus immigrazione*, Bologna, il Mulino, 2017; S. ALLIEVI, *Immigrazione. Cambiare tutto*, Roma - Bari, Laterza, 2018.

4.   Va ricordato che, negli ultimi decenni, la guerra ha cambiato forma, provocando incessanti esodi di profughi dai Paesi poveri verso quelli ricchi. Oggi non ci sono più, come era accaduto nel lungo Novecento, conflitti militari tra i Paesi ricchi, e non ci sono più i tipici conflitti della guerra fredda tra nazioni appartenenti a blocchi politici contrapposti. Il XXI secolo è l'epoca degli interventi militari stranieri, delle guerre civili, di Stati militarizzati contro gruppi terroristici. A volte tali guerre sono combattute dalle grandi potenze per «interposta persona». Inoltre, in genere questi conflitti sono combattuti in Paesi poveri e fragili dal punto di vista istituzionale, molti dei quali si trovano in Africa. Cfr A. MORALES, *Non siamo rifugiati. Viaggio in un mondo di esodi*, cit., 15.

Chi arriva in Italia, in Grecia e in Spagna entra in Europa

Le migrazioni di singole persone e a volte di interi gruppi che fuggono dai conflitti (anche quelli a «bassa intensità», come sono spesso quelli africani, che non interessano le grandi potenze), dalle dittature, dalla desertificazione del territorio, dovuta anche ai cambiamenti climatici, dalla povertà e dalla violenza settaria, come abbiamo scritto altre volte nella nostra rivista[5], sono un fenomeno consolidato, diremmo «strutturale», del rapporto tra l'Africa e la ricca Europa. Le due sponde del Mediterraneo sono destinate a diventare sempre meno distanti. La grande sfida per l'avvenire sarà come gestire questo fenomeno epocale, uscendo dalla pura mentalità emergenziale che finora ha spinto l'Italia e gli altri Paesi dell'Ue ad adottare soluzioni improvvisate e prive di una vera strategia politica, per lo più indirizzate alla tutela della sicurezza nazionale e alla semplice chiusura delle frontiere.

Una soddisfacente soluzione del problema «richiederà una riforma strutturale delle politiche europee che vada oltre le logiche delle singole sovranità territoriali degli Stati e riconosca che la dimensione della crisi necessita la creazione di organi sovranazionali dotati di adeguati poteri sull'intero territorio europeo»[6]. Questo, negli anni passati, lo si è fatto per la moneta unica, e ora lo si cerca di fare per le transazioni finanziarie in ambito comunitario. Lo si potrà fare anche in rapporto al fenomeno delle migrazioni, prima che questo diventi ingovernabile e metta in pericolo le nostre sempre più fragili democrazie. Insomma, la politica sulle migrazioni dovrebbe essere collettiva, cioè coinvolgere tutti i Paesi dell'Unione. Negli ultimi anni, invece, il peso della gestione del fenomeno è stato interamente «scaricato» sui Paesi di primo approdo. La migrazione dall'Africa ha riguardato essenzialmente l'Italia, la quale, in base al Regolamento di Dublino, ha l'obbligo della prima accoglienza[7], essendo di fatto i suoi porti quelli più sicuri e più vicini

---

5. Gli interventi della nostra rivista sono raccolti in G. PANI (ed.), *Sulle onde delle migrazioni. Dalla paura all'incontro*, Milano, Àncora - La Civiltà Cattolica, 2017.

6. S. PASSIGLI, «La politica sulle migrazioni deve essere collegiale», in *Corriere della Sera*, 6 luglio 2018.

7. L'articolo 13 del Regolamento di Dublino recita: «Quando è accertato [...] che il richiedente ha varcato illegalmente, per via terrestre, marittima o aerea, in provenienza da un Paese terzo, la frontiera di uno Stato membro, lo Stato membro in

all'Africa e quindi facilmente raggiungibili dagli scafisti libici e dalle navi che hanno recuperato in mare il loro carico di disperati[8].

Una politica europea sulle migrazioni dovrebbe partire dal presupposto condiviso che «chi arriva in Italia, in Grecia e in Spagna entra in Europa». Ciò naturalmente implicherebbe in qualche modo il superamento del principio di sovranità assoluta, da parte dei singoli Stati, sul controllo dei propri confini nazionali. Alcuni vorrebbero che si affidasse a un organo intergovernativo e comunitario – che potrebbe anche essere l'Agenzia europea della guardia di frontiera e costiera «Frontex» – la decisione su come affrontare e gestire il fenomeno delle migrazioni, facendo salvi naturalmente i diritti umani. In tal modo si supererebbero le clausole dell'accordo di Dublino, ormai insostenibili e ritenute da molti punitive nei confronti del Paese di primo approdo.

La risoluzione di tale problema diventa tanto più urgente per il futuro dell'Europa se si tiene presente l'andamento demografico che ha visto la popolazione africana passare dai 227 milioni del 1955 agli attuali 1.300 milioni, mentre ne sono previsti 2.500 per il 2050. Tutto ciò mentre l'Europa decresce sotto il profilo demografico, anzi molti dei suoi Paesi, primo fra tutti l'Italia, registrano un forte invecchiamento della popolazione e un calo delle nascite. Non sarà certo il «sovranismo» sbandierato da molti politici europei a dare soluzione a un fenomeno storico e sociale di tale grandezza.

Secondo alcuni analisti, per molti Paesi europei l'immigrazione nell'immediato futuro diventerà una vera e propria necessità, per mantenere i livelli occupazionali essenziali (soprattutto per i lavori meno qualificati) e immettere forze giovani in un mercato del lavoro che invecchia. In Italia, come di recente ha sostenuto il presidente dell'Inps, Tito Boeri, l'apporto dato alle casse dell'Istituto dai contributi versati dagli immigrati è notevole. Esso risulta necessario sia per mantenere i nostri pensionati, sia per garantire la crescita dell'economia nazionale. Si calcola che, per mantenere l'attuale livello di occupazione (e quindi

---

questione è competente per l'esame della domanda di protezione internazionale». In altre parole, la responsabilità dell'asilo è del Paese di primo sbarco.

8.   Su questo argomento, cfr R. Rigillo, «L'accoglienza involontaria: senza strategia, l'Italia diventa l'unica meta dei migranti», in *Limes* (www.limesonline.com/laccoglienza-senza-una-strategia-litalia-e-diventata-lunica-meta-dei-migranti/107271/), 12 giugno 2018.

di benessere), considerando il calo demografico e il graduale invec-chiamento della popolazione già in atto nel nostro Paese, avremmo bisogno di circa 100.000 immigrati all'anno[9].

In Italia, però, il problema è percepito diversamente. L'immigrazio-ne, ancora oggi che gli sbarchi sono diminuiti dell'80%, è considerata uno dei problemi più gravi del Paese ed è avvertita come un fenomeno che genera paura e insicurezza sociale. Secondo un sondaggio, per ogni «vero» immigrato gli italiani ne percepiscono tre (negli altri Paesi euro-pei il rapporto è di uno a due). Ciò è dovuto alla cattiva informazione e alla propaganda politica anti-immigrati di questi mesi. Secondo l'eco-nomista Alberto Alesina, «se la discussione sull'immigrazione continue-rà a basarsi su percezioni errate e stereotipate, su slogan urlati, *fake news*, e dall'altra parte su sogni irrealizzabili di ammettere tutti, non si risolve-rà nulla»[10]. In tal caso, l'immigrazione non gestita in modo razionale e secondo le reali capacità dei Paesi dell'Unione di accogliere e integrare i migranti, come ha fatto notare papa Francesco[11], diventerà negli anni a venire un'emergenza grave e, per contrastarla, l'Europa sarà spinta verso derive autoritarie.

Le politiche anti-immigrazione condotte da alcuni Paesi eu-ropei, in particolare quelli del gruppo di Visegrad, hanno portato molti di essi, come l'Ungheria, la Polonia, la Repubblica Ceca, a

---

9. Secondo il demografo Alessandro Rosina, il numero degli immigrati in Italia non sarebbe eccessivo, se si considera la necessità di crescita del nostro Paese. Anzi, esso sarebbe meno «di quanto avremmo teoricamente bisogno per compensare gli squilibri autoprodotti dall'accentuata denatalità. Possiamo anche decidere che non vogliamo immigrati e i loro discendenti sul nostro territorio, ma è bene tener presente le implicazioni (economiche e demografiche) che ne derivano». Infatti, se non avessimo avuto immigrati, in 20 anni le generazioni si sarebbero dimezzate, con grave danno al sistema pensionistico e al debito pubblico. Cfr A. Rosina, «L'Italia senza culle che può salvarsi grazie ai migranti», in *la Repubblica*, 24 novembre 2017.

10. A. Alesina, «La forza dei numeri sull'emergenza migranti», in *Corriere della Sera*, 9 luglio 2018.

11. Nella conferenza stampa durante il volo di ritorno dal viaggio apostolico a Dublino, papa Francesco, dopo aver parlato dei migranti e della necessità degli Stati di accoglierli in modo responsabile, ha aggiunto: «Un popolo che può accogliere ma non ha possibilità di integrare, meglio non accolga. Lì c'è il problema della prudenza. E credo che proprio questa sia la nota dolente del dialogo oggi nell'Unione Europea. Si deve continuare a parlare: le soluzioni si trovano...». Cfr w2.vatican.va

lamentare una carenza di manodopera per le loro industrie[12]. Questa situazione fa crescere i salari, ma allo stesso tempo ostacola la produzione e lo sviluppo. Negli ultimi tempi si incoraggia l'immigrazione dagli Stati limitrofi, come ad esempio l'Ucraina, mentre si ostacola in tutti i modi quella proveniente da Paesi musulmani, ritenuta pericolosa per l'identità nazionale. Non va dimenticato, infatti, che l'Ue ha avviato, nei confronti di alcuni di questi Paesi, una «procedura di infrazione», perché essi hanno rifiutato di accogliere le quote di richiedenti asilo loro assegnate, nel quadro di un piano di redistribuzione degli stessi nei vari Paesi dell'Unione. Secondo *The Wall Street Journal*, questi Paesi, se vogliono crescere economicamente e combattere l'inflazione, dovranno aprirsi all'immigrazione e permettere l'afflusso di un numero consistente di lavoratori provenienti anche dall'Africa[13].

Una soluzione ragionevole: aprire canali legali di immigrazione

Qual è, allora, la soluzione del problema migratorio? Oltre alla cooperazione fra gli Stati dell'Ue per una politica comune sui flussi e sull'asilo, secondo alcuni analisti una soluzione ragionevole consisterebbe nell'attivare canali legali e regolari di immigrazione controllata dall'Africa. «Quando avremo dai Paesi africani un numero di visti di ingresso legale per l'Italia, rilasciati nei Paesi di origine, pari almeno a quelli di coloro che oggi vengono "accolti" come naufraghi, avremo inaugurato una seria politica migratoria»[14]. Ciò, inoltre, sottolinea il sociologo Stefano Allievi, permetterebbe all'Europa di selezionare i

12. Anche il Giappone, che ha una popolazione sempre più anziana e che in passato aveva adottato politiche molto restrittive in materia di immigrazione, lamenta un calo considerevole di manodopera in molti settori dell'economia nazionale. Secondo il *South China Morning Post* di Hong Kong, il Governo Abe starebbe mettendo a punto in tutta fretta un provvedimento che permetta, dall'inizio del prossimo anno, l'ingresso in Giappone di un numero di immigrati non inferiore alle 500.000 unità da assumere nelle industrie. Ciò porterebbe a un aumento del 40% dei lavoratori stranieri nel Paese, che oggi sono 1,3 milioni. Cfr *Internazionale*, 19 ottobre 1918, 33.

13. Cfr T. Fairless, «Nell'Europa dell'Est mancano i lavoratori», in *Internazionale*, 12 ottobre 2018, 110.

14. V. Onida, «Impegno, programmi, fondi per gestire l'immigrazione», in *Corriere della Sera*, 28 luglio 2018.

nuovi arrivati in base alle esigenze del mercato del lavoro[15]. Esigenze già attuali, considerato che l'Ue ogni anno perde circa 3 milioni di lavoratori, che vanno in pensione e che non vengono sostituiti da altri, semplicemente perché non ci sono. «Una politica di apertura all'ingresso regolare – secondo lo studioso – sarebbe anche l'unica vera legittimazione [...] per una politica della fermezza rispetto all'immigrazione irregolare»[16]. Ma questo dovrebbe essere fatto cooperando con i Paesi di origine degli immigrati. Ora, attivare tali intese significa creare collaborazione tra i Paesi di emigrazione e quelli di immigrazione attraverso accordi diplomatici ed economici, in una logica di pari dignità, fugando ogni paura o tentazione neo-imperialista.

Secondo alcuni analisti, il vero problema riguardante i migranti, almeno per l'Italia, non sarebbe tanto quello degli sbarchi, quanto quello della loro gestione sulla terraferma. Le vicende estive delle navi Aquarius e Diciotti ci hanno fatto credere che il problema fosse in mare, mentre invece è nel territorio nazionale. Una recente ricerca dell'Istituto per gli studi di politica internazionale (Ispi) sui dati del Viminale rivela che gli «irregolari» in Italia sono in netto aumento, a causa della «stretta securitaria» imposta dal nuovo governo in materia di protezione umanitaria.

I numeri rivelano che negli ultimi tre mesi essi sono aumentati di circa 12.000 unità. Il che è inevitabile quando all'aumento dei dinieghi di protezione non corrisponde un analogo aumento dei rimpatri effettivi, che invece sono stati soltanto 1.350[17]. Il che significa che nel nostro Paese è aumentato il numero dei cosiddetti «immigrati invisibili»[18], che sfuggono alle maglie dell'autorità pubblica e che quindi possono diventare facile preda delle organizzazioni criminali. Il recente decreto-legge in materia di sicurezza e immigrazione, approvato il 24 settembre 2018 dal Consiglio dei Ministri, ha disciplinato, in senso ancora più restrittivo, la materia.

---

15. Cfr S. Allievi, *Immigrazione. Cambiare tutto*, Roma - Bari, Laterza, 2018, 117 s.

16. Id., «Facciamoli entrare con il passaporto», in *L'Espresso*, 8 luglio 2018, 12.

17. I dati si riferiscono al mese di settembre 2018. Cfr A. Ziniti, «Asilo negato ai migranti, in tre mesi oltre 12mila irregolari in più», in *la Repubblica*, 2 settembre 2018.

18. Cfr G. Buccini, «La creazione di invisibili che il governo rimuove», in *Corriere della Sera*, 28 agosto 2018.

La cosiddetta «protezione internazionale» – figura ora fortemente limitata dal nuovo decreto governativo – era una sorta di misura residuale, concessa a chi non aveva diritto allo *status* di rifugiato, ma che per gravi situazioni personali veniva ritenuto un soggetto da non rimandare nel Paese di provenienza. Le cause più comuni che di solito fondavano tale provvedimento erano: le condizioni di salute della persona o la sua età (minori o anziani); la possibilità di essere vittime di violenza o di persecuzione politica in Stati dove non venivano rispettati i diritti umani. In ogni caso, ai membri della commissione preposta era lasciato un margine di discrezionalità nel valutare i singoli casi. In Italia, nell'ultimo anno, a fronte di una percentuale minima del 6% di concessioni dello *status* di rifugiato, il 29% dei richiedenti asilo ha beneficiato della protezione umanitaria.

Il nuovo pacchetto sicurezza prevede l'abrogazione del permesso di soggiorno per motivi umanitari. Si elimina, recita il decreto, «l'attuale esercizio discrezionale nella concessione del permesso di soggiorno per motivi umanitari, con l'introduzione di una tipizzazione dei casi di tutela complementare, con precisi requisiti per i soggetti interessati». In esso la protezione umanitaria è stata sostituita da sei tipologie di «permessi speciali»: per vittime di grave sfruttamento, motivi di salute, violenza domestica, calamità nel Paese d'origine, cure mediche e atti di particolare valore civile. Il decreto inoltre prevede la possibilità di negare o revocare la protezione internazionale a chi viene condannato in primo grado per i reati di violenza sessuale, lesioni gravi e rapina, violenza a pubblico ufficiale, mutilazioni sessuali, furto aggravato, traffico di droga.

Il periodo di detenzione dei migranti nei centri per il rimpatrio è stato portato da tre a sei mesi. Il decreto prevede, inoltre, la revoca della cittadinanza a stranieri condannati in via definitiva per reati di terrorismo[19]. In ogni caso, l'obiettivo principale che si intende raggiungere con questo decreto è quello di ridurre al minimo i casi di protezione umanitaria, che, nonostante il tenore letterale del testo, andrebbero interpretati in modo «non espansivo». Questo non farebbe altro che

---

19. Cfr «Il Decreto sicurezza spiegato in 10 punti», in *Avvenire* (www.avvenire.it/attualita/pagine/decreto-sicurezza-in-10-punti/), 25 settembre 2018.

aumentare il numero dei cosiddetti «migranti invisibili», con le conseguenze che ciò provoca sul piano sociale e securitario.

La «fortezza» Europa

L'acuirsi del fenomeno migratorio in Europa negli ultimi anni ha fatto sì che il confine esterno dell'Ue sia stato chiuso ermeticamente e militarmente protetto[20]. Secondo *Amnesty International*, tra il 2007 e il 2013 l'Ue ha speso quasi due miliardi di euro in barriere, sistemi di sorveglianza e pattugliamento dei propri confini marittimi e terrestri. Ricordiamo che la stessa Ue, per l'accoglienza di rifugiati, negli ultimi anni ha speso invece soltanto 700 milioni di euro. Ora, secondo la legge internazionale, essi dovrebbero essere esenti da tali controlli. Di fatto, «l'Unione Europea – scrive il giornalista Daniel Trilling – ha cercato in ogni modo di impedire l'arrivo dei richiedenti asilo: bloccando i percorsi legali, come la possibilità di presentare domanda di asilo nelle ambasciate; introducendo sanzioni per le aziende di trasporto che permettono alle persone di entrare in Europa senza documenti in regola; e affidando ai Paesi confinanti il compito di controllare e bloccare i flussi migratori»[21].

All'interno dell'Unione, come si è ricordato, il Regolamento di Dublino impone ai richiedenti asilo di fare domanda nel Paese di primo approdo. Finora la priorità dell'Europa in rapporto ai migranti è stata la sicurezza interna e il controllo dei propri confini, e non certamente la protezione di persone vulnerabili che fuggivano dalla guerra, dalla violenza e dalla fame. Inoltre, la difesa delle frontiere ha costretto i migranti irregolari e molti profughi a scegliere le rotte più pericolose per entrare nel Paesi dell'Unione e ad affidarsi ai trafficanti di esseri umani.

Questo fattore ha spinto gli Stati ad adottare di volta in volta politiche più repressive, che hanno prodotto gravissimi effetti. Ricordiamo che, in mancanza di vie legali di ingresso, dal 1993 a oggi

---

20. Cfr T. Marshall, *I muri che dividono il mondo*, Milano, Garzanti, 2018, 204.
21. D. Trilling, «I miti da sfatare sull'immigrazione», in *Internazionale*, 15 giugno 2018, 42.

sono morti circa 34.000 migranti diretti in Europa[22], la maggior parte dei quali deceduti per annegamento nel Mediterraneo, che, come ha detto papa Francesco, «è diventato un cimitero»[23]. Questa è certamente una delle più grandi tragedie del nostro tempo, che non va né dimenticata né in qualche modo giustificata, e che pesa sulla coscienza dell'Europa, patria dei diritti umani, sempre meno democratica e sempre più sovranista e falsamente identitaria.

La normativa vigente in materia di migrazioni distingue tra «richiedenti asilo» e «migranti economici». Dallo scoppio della cosiddetta «crisi dei rifugiati», quest'ultima espressione ha assunto nel linguaggio comune – e non solo – una connotazione piuttosto negativa. I migranti economici, infatti, sono considerati alla stregua di «falsi richiedenti asilo», persone cioè che approfittano della situazione per entrare illegalmente in Europa e che costringono gli Stati a prendere provvedimenti duri, che a volte violano i diritti umani e, soprattutto, a spendere enormi somme di denaro pubblico per gestire la prima accoglienza e dividere in categorie i nuovi arrivati.

In realtà, la maggior parte delle persone che vengono in Europa fuggendo da situazioni democraticamente problematiche, e persino quelle che fuggono dalle guerre e dai conflitti tribali, cercano da noi soprattutto garanzia economica. «Dargliela significherebbe liberare una quantità enorme di energie per riconvertirla ai bisogni fondamentali per una integrazione che funziona: insegnamento della lingua e degli elementi base della cultura di un Paese e orientamento al lavoro»[24]. Questo non significa disconoscere la pratica dell'asilo, ma ricondurla al suo vero significato, cioè la protezione delle persone in fuga da una guerra e di quelle che nella propria patria sono perseguitate per ragioni politiche, etniche o religiose.

---

22. Questa cifra è stata calcolata, utilizzando diverse fonti – ufficiali e non –, dai volontari e i dai dipendenti dell'Ong *United for intercurtural action* (UNITED). Essi hanno redatto una «lista», indicando nome e cognome e luogo di provenienza (se conosciuti) delle persone decedute. Questa lista ha fatto il giro del mondo ed è stata pubblicata per intero da diversi organi di stampa ed esposta in importanti luoghi pubblici. Cfr Supplemento di *Internazionale*, 5 ottobre 2018, 3.

23. FRANCESCO, «Discorso ai partecipanti all'incontro promosso della Confederazione europea degli ex alunni dei gesuiti», 17 settembre 2016.

24. S. ALLIEVI, *Immigrazione. Cambiare tutto*, cit., 20.

La Convenzione di Ginevra e la tutela umanitaria

I rifugiati, dal punto di vista del diritto internazionale, sono protetti dalla Convenzione di Ginevra del 1951, nella quale il rifugiato è definito come «colui che a seguito degli avvenimenti verificatisi anteriormente al 1° gennaio 1951, temendo a ragione di essere perseguitato per motivi di razza, religione, nazionalità, appartenenza ad un determinato gruppo sociale o per le sue opinioni politiche, si trova fuori del Paese, di cui è cittadino». Gli avvenimenti ai quali si fa riferimento concernevano i fatti della Seconda guerra mondiale. La Convenzione di Ginevra, come pure l'Alto Commissariato delle Nazioni Unite per i rifugiati, furono inizialmente istituiti per far fronte a vicende europee. A quel tempo i rifugiati politici erano in gran parte persone di grande prestigio: scrittori, scienziati, intellettuali, che ispiravano rispetto nell'opinione pubblica ed erano avvolti da un'aura quasi sacra e martiriale.

Oggi che le guerre si sono «delocalizzate»[25] – cioè si sono spostate dalla Vecchia Europa al Medio Oriente e all'Africa, e riguardano quasi soltanto Paesi poveri (o in via di sviluppo), di solito governati da regimi autoritari – anche i rifugiati hanno perso il prestigio di un tempo e sono avvertiti dagli Stati costretti (dalla legge internazionale) ad accoglierli come un peso economico e a volte anche come persone pericolose per la sicurezza nazionale, perché sospettate di appartenere a movimenti islamici fondamentalisti.

Secondo gli ultimi dati dell'Unhcr, essi sarebbero circa 68,5 milioni – l'1% della popolazione mondiale –, di cui soltanto un terzo sono propriamente rifugiati, cioè persone che hanno varcato le frontiere del proprio Paese, mentre gli altri sono sfollati interni, privi di vera protezione internazionale.

Le cifre dell'Onu non comprendono quelle situazioni di non facile individuazione, come le migliaia di persone che nel Centro America cercano di attraversare il confine messicano per raggiungere gli Stati Uniti. Queste non possono più ritornare indietro senza mettere a rischio la loro vita. Attualmente un'ondata umana costituita da circa 7.000 migranti centroamericani è in viaggio verso il confine statunitense. Essa è partita il 12 ottobre dall'Honduras (uno dei Paesi più

---

25. A. MORALES, *Non siamo rifugiati. Viaggio in un mondo di esodi*, cit., 15.

violenti del mondo) con poche migliaia di persone e poi, durante il cammino, si è alimentata di nuovi «disperati», in particolare guatemaltechi e salvadoregni, che fuggono dalla violenza e dalla povertà.

Il presidente Trump ha dichiarato che non intende far entrare negli Stati Uniti la «carovana» dei nuovi migranti – molti dei quali, egli dice, «sono criminali e sconosciuti mediorientali» – e pensa di mobilitare l'esercito alla frontiera. Inoltre, ha minacciato di sospendere gli aiuti regolarmente elargiti a quei Paesi che ne hanno permesso il passaggio. Il presidente messicano Enrique Peña Nieto ha chiesto un intervento delle Nazioni Unite per valutare se i migranti hanno valide ragioni per chiedere l'asilo o se devono essere rimandati nei Paesi d'origine. L'Onu ribadisce che l'emergenza va gestita secondo la legge internazionale, pur sottolineando il diritto degli Stati di tutelare i propri confini[26].

La definizione dello «*status* di rifugiato» è in ogni caso di natura politica, più che giuridica, ed è oggetto di continue dispute tra gli studiosi della materia. Di solito la Convenzione lascia agli Stati nazionali il potere di decidere a chi dare tale protezione; non obbliga i firmatari a concedere automaticamente l'asilo, ma semplicemente li vincola a prendere in considerazione le istanze dei richiedenti e a non espellerli verso Paesi in cui potrebbero trovarsi in pericolo.

La Convenzione è stata estesa oltre l'ambito originario di applicazione, su pressione dei Paesi del Terzo Mondo che da poco avevano ottenuto l'indipendenza nazionale: negli anni Sessanta quelli africani e negli anni Ottanta quelli latinoamericani. In ogni caso, ha sempre escluso le persone costrette ad abbandonare le loro case per catastrofi di natura economica o per importanti cambiamenti climatici. Eppure i cosiddetti «sfollati» rappresentano oggi la grande maggioranza della popolazione rifugiata: persone spesso intrappola-

---

26. Cfr F. Semprini, «Trump: criminali dal Medio Oriente nella carovana dei migranti», in *La Stampa*, 23 ottobre 2018. Una buona parte della «carovana» è stata fermata dall'esercito messicano sul ponte sopra il fiume Suchiate, che segna il confine naturale tra Guatemala e Messico. Alcune persone hanno accettato di salire sugli autobus dell'esercito guatemalteco per ritornare indietro, altre hanno forzato il cordone della polizia o hanno raggiunto l'altra sponda del fiume a nuoto o con piccole barche. Cfr C. Martínez, «La carovana di migranti non si ferma», in *Internazionale*, 26 ottobre 2018, 16.

te dalla guerra, come nello Yemen, nel Sud Sudan, nella Repubblica Democratica del Congo. Essi sono i rifugiati dimenticati.

Conclusione

Ha ancora senso dividere i migranti tra rifugiati e migranti economici? Sembra proprio di no, considerando che tutti in qualche modo fuggono dalla fame, dal disagio sociale, dai conflitti. In ogni caso, tutti sono «persone» meritevoli di protezione, in particolare da parte dei Paesi più ricchi. Questa risposta sembra demagogica, in qualche modo *naïf*, ma è vera, perché consente l'ingresso dell'1% della popolazione mondiale nel regno dell'umano.

Per quanto riguarda l'Ue, se consideriamo i flussi migratori a livello mondiale, ci rendiamo subito conto che la tanto sbandierata «invasione» dell'Europa, e in particolare dell'Italia, da parte dei migranti che arrivano dalla Libia non è neppure ai primi posti della classifica. I Paesi che hanno accolto il maggior numero di profughi in questi anni, secondo il *Global Trends 2017* redatto dall'Unhcr, sono Turchia (3,5 milioni), Pakistan (1,4 milioni), Uganda (1,4 milioni), Libano (998.900), Iran (979.400), e soltanto al sesto posto troviamo un Paese dell'Unione Europea, la Germania (906.600)[27]. L'Italia, in questa classifica, viene molto dopo. Ciò significa che è il Sud del mondo, la parte più povera del pianeta[28], che si fa carico sia dei profughi, sia dei migranti economici a causa di guerre, dittature o disastri ambientali, che spesso avvengono per colpa dell'avidità o dell'incuria del ricco e inospitale Occidente.

---

27. Cfr UNHCR, «Oltre 68 milioni di persone costrette alla fuga nel 2017. Cruciale un nuovo patto globale sui rifugiati» (www.unhcr.it/news/oltre-68-milioni-persone-costrette-alla-fuga-nel-2017-cruciale-un-patto-globale-sui-rifugiati.html/), 19 giugno 2018.
28. Secondo il *Global Trends 2017*, l'85% dei rifugiati risiede nei Paesi in via di sviluppo, molti dei quali sono in condizioni di estrema povertà e non ricevono un sostegno adeguato per assistere tali persone. Quattro rifugiati su cinque, inoltre, rimangono in Paesi limitrofi ai loro. Va anche ricordato che la maggior parte dei rifugiati vive in aree urbane (58%) e non in quelle rurali. Inoltre, le persone costrette alla fuga sono giovani, il 53% dei quali sono minorenni, spesso non accompagnati o separati dalle loro famiglie.

L'EUROPA IN UN ESERCIZIO DI IMMAGINAZIONE SOCIALE

Camillo Ripamonti S.I.

«Dopo il picco di arrivi di rifugiati in Europa nel 2015, l'attenzione si è ora spostata verso un'effettiva integrazione dei migranti nelle loro nuove società. Mentre la politica migratoria rimane una responsabilità nazionale, le autorità centrali e locali riconoscono che l'integrazione deve avvenire dove le persone sono, nei loro luoghi di lavoro, nei loro quartieri e nelle scuole in cui mandano i loro figli. Dietro a ogni statistica migratoria ci sono individui o famiglie che iniziano una nuova vita in un nuovo luogo. Le autorità locali, mentre si coordinano con tutti i livelli di governo e altri partner locali, giocano un ruolo chiave nell'integrare i nuovi arrivati e responsabilizzarli a contribuire alle loro nuove comunità». Comincia così il report dell'Ocse, pubblicato il 18 aprile 2018, dal titolo *Working Together for Local Integration of Migrants and Refugees*[1].

Nel titolo del report si utilizzano alcune espressioni particolarmente significative. «Lavorare insieme» esprime non solo la necessità di un approccio multidisciplinare, ma anche quella di tenere insieme i diversi attori locali nella gestione dei migranti. Questo lavoro congiunto ha come finalità l'integrazione, che torna al centro dell'interesse dopo che per troppo tempo non ci si è saputi discostare da una prospettiva meramente emergenziale. Interessante infine è la prospettiva di tenere insieme migranti e rifugiati.

Presso le Nazioni Unite sono iniziate le negoziazioni intergovernative che porteranno alla definizione del *Global Compact for Safe, Orderly and Regular Migration* (Gcm) e del *Global Compact on*

---

1. Organisation for Economic Co-operation and Development (OECD), *Working Together for Local Integration of Migrants and Refugees*, Paris, OECD Publishing, 18 aprile 2018, in http://dx.doi.org/10.1787/9789264085350-en

Refugees (Gcr): due documenti distinti, ma che necessitano di essere integrati profondamente in un'unica visione[2].

Come si pone l'Europa rispetto a questa riconsiderazione globale delle sfide delle migrazioni? A quali risorse attingere per porre le basi di una «effettiva integrazione», capace di andare oltre le statistiche e di avere un impatto reale sulla vita delle persone? Nell'omelia della notte di Natale 2017 papa Francesco ha usato alcune espressioni che tracciano una prospettiva: «Questa stessa fede ci spinge a dare spazio a *una nuova immaginazione sociale*, a non avere paura di sperimentare nuove forme di relazione in cui nessuno debba sentire che in questa terra non ha un posto. Natale è tempo per trasformare la forza della paura in forza della carità, in forza per *una nuova immaginazione della carità*. La carità che non si abitua all'ingiustizia come fosse naturale, ma ha il coraggio, in mezzo a tensioni e conflitti, di farsi "casa del pane", terra di ospitalità»[3].

Nuova immaginazione sociale e della carità: non ci sono espressioni più adeguate per descrivere quanto è in atto nel Vecchio Continente e che sfugge ai riflettori e alle cronache. Un tentativo della società civile – tutto questo non è prerogativa dei cristiani, ma degli uomini e delle donne di buona volontà – di costruire comunità solidali attraverso l'immaginazione: una fecondità e una creatività che sa osare, perché nasce dal dialogo della vita, che valorizza la diversità e non la umilia.

Ciò è quanto mai urgente in questo tempo in cui la diversità umana, la provenienza geografica e, purtroppo, il colore della pelle rischiano di essere utilizzati per dividere. Diceva ancora papa Francesco il 14 dicembre 2017, in occasione della presentazione delle lettere credenziali di alcuni ambasciatori: «La comunità internazionale affronta una serie di complesse minacce alla sostenibilità ambienta-

---

2. Cfr Dicastero per il Servizio dello Sviluppo Umano Integrale, Sezione Migranti e Rifugiati, *Rispondere alle sfide dei migranti e rifugiati: venti punti di azione per i patti globali*, in http://www.aggiornamentisociali.it/Archivi/AGSO/Files/20_Action_Points_for_the_Global_Compacts_IT.pdf/ Papa Francesco ha dato particolare rilievo a tali negoziazioni, facendo riferimento ai due documenti intergovernativi nel suo *Messaggio per la LI Giornata Mondiale della Pace*, al numero 5 (cfr w2.vatican.va), 1° gennaio 2018.

3. Francesco, *Omelia nella Solennità del Natale del Signore*, Basilica Vaticana, 24 dicembre 2017; corsivi nostri.

le e nei confronti dell'ecologia sociale e umana dell'intero pianeta, come le minacce alla pace e alla concordia derivanti da ideologie fondamentaliste violente e dai conflitti regionali, che spesso appaiono sotto le spoglie di opposti interessi e valori. Tuttavia, è importante ricordare che la diversità della famiglia umana non è di per sé una causa di queste sfide alla coesistenza pacifica. Davvero le forze centrifughe che vorrebbero dividere i popoli non sono da ricercarsi nelle loro differenze, ma nel fallimento nello stabilire un percorso di dialogo e di comprensione come il più efficace mezzo di risposta a tali sfide»[4].

La costruzione di comunità solidali

La creazione o il rafforzamento di una cultura dell'accoglienza che favorisca l'integrazione, intesa nella sua accezione bidirezionale per chi ospita e per chi è ospitato, non passa soltanto attraverso leggi che ne definiscano le procedure, ma anche – e questo forse ne costituisce il presupposto – attraverso la creazione di un *ethos* condiviso. Questo non è solo la somma di valori minimi di convivenza, ma l'idea stessa che non si possa fare a meno di tale convivenza nella diversità, un senso di appartenenza non identitario ma solidale, cioè quel sentirsi parte di una comunità nella quale la responsabilità degli uni verso gli altri vada oltre il senso del dovere e si configuri come consapevolezza del bene comune. La responsabilità per l'integrazione non dipende solo da un particolare gruppo, ma piuttosto da molti attori: gli stessi immigrati, il governo che accoglie, le istituzioni e le comunità, per nominarne alcuni.

L'integrazione dei migranti in Europa deve basarsi sul dialogo, sui diritti e sulle responsabilità condivise, garantendo la piena partecipazione, conformemente alla legge, al potenziamento e all'inclusione di tutti nella società. Questo prezioso processo, lento e non sempre progressivo – in quanto spesso caratterizzato da interruzioni e regressioni –, si costruisce dal basso attraverso un cammino in cui

---

4. FRANCESCO, *Discorso in occasione della presentazione delle lettere credenziali degli ambasciatori di Yemen, Nuova Zelanda, Swaziland, Azerbaigian, Ciad, Liechtenstein e India*, 14 dicembre 2017.

gli stessi attori si rendono disponibili al cambiamento e si mettono in gioco.

In questo processo la responsabilità pubblica ha un'importanza particolare, anche se il contributo delle realtà del privato sociale è significativo e sovente indispensabile. I progetti di accoglienza, sempre più numerosi, interagiscono con i territori – intesi come l'insieme di comunità cittadine, di amministrazioni comunali, di servizi locali, di opportunità e risorse –, operando dei cambiamenti che sono potenzialmente di differente natura: culturale, sociale, politica, economica, organizzativa.

Ciò può avvenire nel bene e nel male, perché, se è priva di una gestione in grado di sviluppare un sapiente raccordo territoriale, l'accoglienza, invece di farsi promotrice di coesione sociale, rischia di diventare causa di insorgenza di conflitti, di alimentare forme di politiche e modelli sociali resistenti all'accoglienza stessa. Durante un'udienza dedicata ai rappresentanti delle amministrazioni locali, lo scorso anno, il Papa ha affermato: «Comprendo il disagio di molti vostri cittadini di fronte all'arrivo massiccio di migranti e rifugiati. Esso trova spiegazione nell'innato timore verso lo "straniero", un timore aggravato dalle ferite dovute alla crisi economica, dall'impreparazione delle comunità locali, dall'inadeguatezza di molte misure adottate in un clima di emergenza. Tale disagio può essere superato attraverso l'offerta di spazi di incontro personale e di conoscenza mutua. Ben vengano allora tutte quelle iniziative che promuovono la cultura dell'incontro, lo scambio vicendevole di ricchezze artistiche e culturali, la conoscenza dei luoghi e delle comunità di origine dei nuovi arrivati. Mi rallegra sapere che molte delle amministrazioni locali qui rappresentate possono annoverarsi tra i principali fautori di buone pratiche di accoglienza e di integrazione, con esiti incoraggianti che meritano una vasta diffusione»[5].

Proprio nella direzione delle buone pratiche si orienta il progetto *Promoting best practices to prevent racism and xenophobia toward forced migrants through community building* («Promozione di buone pratiche di integrazione di migranti forzati per prevenire razzismo e xeno-

---

5. ID., *Discorso ai membri dell'Associazione Nazionale Comuni Italiani* (ANCI), 30 settembre 2017.

fobia attraverso la costruzione di comunità»), che è stato realizzato per 24 mesi in 9 Paesi europei. Capofila del progetto è stato il JRS (*Jesuit Refugee Services*, «Servizio dei gesuiti per i rifugiati») Europa, e i partner sono stati l'Associazione Centro Astalli-JRS Italia, JRS Belgio, JRS Germania, JRS Francia, gesuiti Spagna, JRS Malta, gesuiti Polonia, JRS Portogallo e JRS Romania.

L'intervento aveva l'obiettivo di identificare e promuovere buone pratiche per prevenire razzismo e xenofobia attraverso iniziative di *community building* («costruzione di comunità»), valorizzare le esperienze personali di migranti coinvolti nelle diverse attività e sensibilizzare i contesti. Nell'ambito di tale progetto è stata fatta una ricerca dal titolo *I Get You*[6], che ha comportato una fase di mappatura delle buone pratiche nei Paesi coinvolti. Tra queste, ciascuno dei partner ha individuato un campione significativo e rappresentativo dello scenario nazionale del Paese in cui opera. Di seguito riportiamo alcuni dei risultati emersi dalla ricerca attraverso l'analisi del progetto.

Creatività per l'Europa

Sono state 315 le iniziative di *community building* identificate nei 9 Paesi che hanno partecipato al progetto: 62 in Italia, 55 in Francia, 50 in Germania, 37 in Belgio, 31 in Spagna, 31 in Portogallo, 20 a Malta, 15 in Romania e 14 in Croazia. Il ventaglio dei Paesi partecipanti risulta significativo, comprendendo anche alcuni Paesi che negli ultimi anni hanno dimostrato una maggiore resistenza all'accoglienza e all'integrazione di migranti. La maggioranza delle iniziative mappate non sono ragguardevoli come dimensioni, ma senza dubbio importanti per la prevenzione del razzismo e della xenofobia.

I Paesi maggiormente rappresentati nelle pratiche di costruzione di comunità, per quanto riguarda i migranti, sono Siria, Afghanistan, Iraq, Pakistan, Nigeria, Somalia, Sudan, Gambia e Mali. Si tratta per lo più di giovani in età lavorativa, di cui oltre il 50% risiede in Europa da più di un anno. Il finanziamento pubblico delle varie iniziative risulta essere rilevante in Romania (53%), Portogallo

6. Cfr www.igetyou-jrs.org

(39%) e Croazia (36%). In Germania, Francia, Spagna e Italia, invece, oltre il 50% è finanziato dalla società civile.

Le iniziative in Europa hanno interessato diversi ambiti. Un settore importante è quello lavorativo: per esempio, ad Anversa e a Liegi viene promosso il progetto *Duo For a Job*, in cui vari professionisti mettono a disposizione le loro competenze e la loro rete di relazioni sociali e professionali, e giovani migranti vengono formati per 6 mesi. I risultati mostrano che il 56% delle 770 «coppie» che si sono create hanno portato a trovare un lavoro entro 12 mesi.

Un altro ambito significativo è quello dello sport: è il caso della Croazia, dove a Zagabria una squadra di calcio («Zagabria 041») combatte il razzismo e i pregiudizi includendo i rifugiati come giocatori. Si tratta di più che una semplice squadra di calcio: è il luogo dell'incontro di persone di diversa cultura, provenienza e religione. Dopo la partita, che di solito si svolge nel fine settimana, si organizzano eventi per giocatori e amici, che coinvolgono anche membri della comunità locale. Per i rifugiati, è una grande opportunità per mostrare le loro capacità, oltre che per ampliare i rapporti sociali.

C'è stata anche la creazione di centri di integrazione in aree particolarmente difficili, come a Plauen, una città della Germania orientale. Qui, con lo slogan «Integrazione, non isolamento», si offrono vari servizi e ci si concentra sull'incontro e l'integrazione con la popolazione locale, avvalendosi anche della collaborazione di altre realtà che operano nel territorio. L'approccio inclusivo dell'iniziativa è unico, perché crea spazi di incontro tra diversi gruppi di marginalità, tra diverse persone vulnerabili, come ad esempio giovani con disabilità, disoccupati e gente del posto svantaggiata. Così si intende promuovere una comunità inclusiva per tutti, rispetto al tentativo, da parte di alcune forze politiche, di creare una concorrenza tra locali e rifugiati.

«Community building» in Italia

In Italia, la creazione di iniziative di *community building* è legata alla presenza di rifugiati nelle comunità locali. Negli ultimi 3 anni il numero di territori coinvolti nell'accoglienza di migranti forzati è cresciuto, perché nel momento in cui essi arrivano nei porti del sud vengono smistati, e i richiedenti asilo vengono distribuiti in tutte le regioni italiane[7].

Nell'ambito della ricerca, in Italia sono state mappate 62 iniziative, distribuite su tutto il territorio nazionale: 25 al nord, 28 al centro e 9 al sud. Ne usufruiscono, per la maggior parte, richiedenti asilo o beneficiari di protezione internazionale, e la loro provenienza è del tutto coerente con le principali nazionalità dei richiedenti asilo in Italia negli ultimi 3 anni: Mali, Nigeria, Gambia, Pakistan, Afghanistan ed Eritrea. La fascia di età è compresa tra i 19 e i 25 anni.

Nel 69% delle iniziative mappate i migranti sono persone arrivate in Italia da più di un anno. Nel 37% dei casi le iniziative hanno segnalato come propria azione principale l'organizzazione di attività interculturali; per il 19% si tratta di esperienze di convivenza-accoglienza in modalità estremamente varia, ma che potremmo riassumere con la formula «esperienze di accoglienza diffusa». Essa mira a facilitare la creazione di relazioni positive con il territorio: in famiglia, in parrocchia, in istituti religiosi, in appartamenti indipendenti, in strutture adeguate. L'11% dei casi sono iniziative incentrate su attività volte a facilitare l'inserimento lavorativo e l'acquisizione di competenze professionali.

Anche per l'Italia le iniziative mappate hanno interessato diversi ambiti e, dal punto di vista metodologico, sono fortemente caratterizzate dalla promozione di una partecipazione attiva, che cerca in ogni modo di creare sinergie e reciprocità. Questo è il caso della «Casa dei Venti» di Roma, dove il sostegno all'autonomia, ma anche

---

7. L'intesa raggiunta nel 2014 tra il governo, le regioni e gli enti locali e il successivo decreto legislativo n. 142/2015 hanno tentato di superare la logica emergenziale del sistema di accoglienza, attraverso la condivisione di un piano di distribuzione dei migranti tra le regioni basato sulle quote regionali di accesso al Fondo nazionale per le politiche sociali. Il sistema di quote regionali, introdotto nel 2015, ha effettivamente contribuito a riequilibrare la presenza dei profughi sul territorio italiano: una presenza che in precedenza era fortemente sbilanciata sulle regioni meridionali, con la Sicilia, la Puglia e la Calabria che nel 2013 ospitavano complessivamente quasi il 70% dei richiedenti asilo. Secondo la procedura vigente, ogni regione è tenuta a ospitare un numero prefissato di profughi, e le prefetture (all'interno dei tavoli di coordinamento regionali) sono incaricate di attivarsi per trovare i posti necessari nei territori di loro competenza.

la corresponsabilità nella gestione delle attività e degli spazi comuni permettono di sviluppare un profondo senso di appartenenza; o del «Progetto Tandem» a Parma, dove appartamenti aperti a giovani universitari e titolari di protezione internazionale permettono di lavorare, attraverso il *cohousing*, su nuove e più efficaci forme di cittadinanza attiva condivisa.

La presenza di migranti in aree urbane e non isolate, come pure la costituzione di piccoli gruppi favoriscono una maggiore integrazione. Molte delle iniziative poi non si rivolgono esclusivamente ai rifugiati, ma a tutta la popolazione vulnerabile della comunità locale. Questo sensibilizza tutti sul tema delle diversità, creando comunità più inclusive e solidali a 360 gradi.

Il cibo, lo sport, l'arte sono potenti fattori di aggregazione, che non hanno perso la loro forza attrattiva nonostante un generale indebolimento della capacità degli attori pubblici di gestire direttamente simili attività. È interessante rilevare come iniziative nate per rispondere a bisogni concreti dei migranti forzati e per agevolarne i percorsi di integrazione possano trasformarsi in occasioni di ripensamento e di rafforzamento della qualità della vita per tutti i residenti del territorio, a partire dalle fasce più deboli.

Perché ciò possa avvenire, sono necessarie due condizioni. Da un lato, un'effettiva valorizzazione delle risorse dei migranti stessi, per non incoraggiare una lettura meramente strumentale della loro presenza, considerandoli «utili» a risolvere i problemi della comunità che li accoglie, magari perché «ripaghino» l'accoglienza ricevuta. Dall'altro, una disponibilità a superare gli schemi tradizionali del servizio, cercando di promuovere attività caratterizzate da un «fare con» invece che dal «fare per».

Ne consegue che «beneficiari» di queste attività non sono esclusivamente, e forse neppure primariamente, i migranti forzati. Esse, infatti, coinvolgono tutti i residenti nel territorio, e hanno come obiettivi condivisi la creazione di un contesto accogliente per tutti e il rafforzamento delle relazioni di collaborazione e di attenzione per i bisogni dei propri vicini, a prescindere da qualunque classificazione. L'esigenza di sentirsi maggiormente parte di una comunità, di condividere un interesse o una causa, di dare senso al proprio tempo può essere particolarmente pressante per uno straniero arrivato da poco, ma è ugualmente sentita da molti cittadini, talora disillusi dalla politica tradizionale o da altre forme di impegno analogo.

Un ultimo elemento, che appare particolarmente rilevante per la prevenzione della xenofobia – e in particolare dell'islamofobia, che cresce in modo allarmante nel nostro Paese –, è quello del dialogo interreligioso, presente in diverse iniziative di *community building*. Nella maggior parte dei casi questo elemento è in qualche modo implicito – un «effetto collaterale» – nella conoscenza reciproca e nell'amicizia che si stabilisce con i migranti forzati, i quali sono spesso musulmani.

Questo tipo di risposte, creative e solidali, contraddicono nettamente l'immagine di un'Italia impaurita e diffidente che viene fortemente veicolata dai media e che spesso è evocata anche dai politici. Certamente la sfida dell'accoglienza e le criticità sempre più evidenti sui territori contribuiscono a dividere l'opinione pubblica. Altrettanto chiaro però è che un'accoglienza diffusa, per piccoli numeri e aperta alla partecipazione effettiva della cittadinanza, può facilitarne in modo decisivo la gestione, e nello stesso tempo prevenire efficacemente l'insorgere di ostilità e diffidenze.

LA SFIDA DELLE MIGRAZIONI
IN AMERICA LATINA E NEI CARAIBI*

Mauricio Garcían Durán S.I. - Gina Paola Sánchez González

La questione delle migrazioni si sta imponendo, con più forza negli ultimi anni, come una realtà critica in tutto il mondo; e fa emergere sfide importanti per i governi nazionali, per le società e le loro organizzazioni, e per le istituzioni internazionali[1]. Le dinamiche della globalizzazione hanno generato una situazione paradossale: dinanzi a una notevole apertura delle frontiere nazionali per il transito di merci e risorse, tutelato da accordi economici e trattati di libero commercio, assistiamo, nelle stesse aree, a una rigida chiusura al passaggio delle persone.

Ci troviamo quindi in una situazione in cui nel mondo i flussi economici sono liberi e protetti da accordi economici internazionali, mentre i flussi migratori non sono protetti, anzi sono vulnerabili e soggetti a un'infinità di politiche restrittive securitarie che attentano ai diritti umani.

Innanzitutto è importante chiarire che i «processi migratori hanno la loro origine in molteplici cause. Alcuni emigrano per via del divario salariale tra il Paese di destinazione e il Paese di origine; altri perché vengono a conoscenza delle condizioni di vita in altri Paesi o comunità, per il malgoverno nel proprio Paese, la carenza di servizi pubblici, le scarse aspettative di miglioramento personale e sociale, i fattori ambientali, o per la paura della violenza e dei conflitti interni»[2].

---

* Titolo originale: «La frontiera come un ponte. La sfida delle migrazioni in America Latina e nei Caraibi».

1. Il testo è scritto e concepito sulla base degli studi e dell'esperienza della «Rete dei gesuiti per i migranti dell'America Latina e Caraibi» (Rjm-Lac).

2. R. Córdova Alcaraz - P. Castaño Acosta (eds), *Migración, desarrollo y derechos humanos: la articulación como base para transformar la realidad social en*

Per sottolineare la distinzione tra le cause, di solito si parla, a livello teorico, di «migrazioni» e di «migrazioni forzate» come se si trattasse di due fenomeni separati. Tuttavia in pratica risulta evidente che la differenza tra le prime e le seconde è sempre più sottile e che i due fenomeni di solito si mescolano.

Per avere un'idea dello stato attuale delle «migrazioni forzate» nel mondo, il Rapporto *Global Trends*, pubblicato dall'Alto Commissariato delle Nazioni Unite per i Rifugiati (Acnur)[3], ci mostra che, nonostante limiti e restrizioni, negli ultimi anni le cifre globali relative a sfollati e rifugiati sono in rapida crescita, al punto che nel 2015 si contavano in tutto 65,3 milioni di persone costrette a spostarsi dal loro luogo di origine, o restando all'interno dello stesso Paese, o andando in un altro Paese: un incremento di oltre 5 milioni di persone rispetto al 2014.

Queste cifre hanno certamente un rapporto diretto con la crisi in cui versa il Medio Oriente e che ha generato un flusso migratorio importante verso l'Europa, ma indicano anche che i flussi già esistenti si mantengono costanti, o addirittura aumentano.

Tra questi, vogliamo concentrare l'attenzione sui flussi migratori in America Latina e nei Caraibi e sulle risposte date dai governi all'interno dei processi di globalizzazione vissuti nel continente.

Il confine Messico-Usa e il «Triangolo Nord»

Per quanto riguarda l'America Latina, è noto che un flusso storico e molto consistente è quello della popolazione messicana verso gli Stati Uniti, se è vero che nel 2012 il numero di messicani negli Usa ammontava a più di 33 milioni di persone[4]. Si è arrivati a questa cifra per una molteplicità di cause, tra cui la situazione economica, il traffico di droga, la minaccia costante della violenza e le condizioni

---

América Latina y el Caribe, 2015.

3. Acnur, *Tendencias Globales. Desplazamiento forzado en 2015: forzados a huir*, 2016. Cfr www.acnur.org

4. Cfr Observatorio Iberoamericano sobre Movilidad Humana, Migraciones y Desarrollo (Obimid), *Las migraciones en las fronteras en Iberoamérica*, a cura di A. Ares Mateos - J. Eguren Rodríguez, Madrid, Comillas, 2016.

salariali. In una visione retrospettiva e storica, ha influito sul flusso migratorio anche una definizione delle frontiere tra i due Paesi che non risponde necessariamente alle dinamiche culturali, sociali e anche economiche della popolazione che viveva e vive nei pressi dei confini.

È importante sottolineare che, sebbene il *trend* messicano si mantenga consistente, secondo l'ultima ricerca della «Rete dei gesuiti per i migranti dell'America Latina e Caraibi», pubblicata in un rapporto dell'Obimid[5], la situazione più critica in questo momento ha a che vedere con la crescente migrazione proveniente dal cosiddetto «Triangolo Nord»[6]. Andando a guardare nel dettaglio, allarma il fatto che gran parte di questi migranti sia rappresentata da bambini, bambine e adolescenti. Secondo lo studio citato, tra gennaio e novembre 2014 risultavano presenti in Messico 21.547 tra bambini, bambine e adolescenti migranti, il 178% in più dello stesso periodo del 2013; il 43% di essi erano honduregni, il 34% guatemaltechi e il 22% salvadoregni[7].

È noto che il «corridoio» centroamericano ha una grande importanza economica per il Nord America, e che attraverso questa regione transitano grandi flussi di merci che alimentano l'economia del continente. Ma come la rotta si è affermata per il transito legale delle merci, così è divenuta subito altrettanto importante per il traffico di droga, per la tratta di persone e per le attività illegali in genere. A causa di questa ambiguità del «corridoio», questioni aperte come quelle della lotta contro il narcotraffico e il terrorismo da parte degli Stati Uniti hanno dato avvio a una serie di politiche securitarie, come la cosiddetta «politica della "frontiera estesa" nel Triangolo Nord». Si tratta di interventi che non rispondono ai bisogni dei migranti e che, anzi, minacciano i loro diritti fondamentali, generano meccanismi di controllo più stringenti e li obbligano a cercare vie alternative, spesso sconosciute, e quindi più pericolose.

5.   Ivi.
6.   Nome convenzionalmente usato per identificare la regione che comprende Guatemala, Honduras ed El Salvador.
7.   Cfr Obimid, *Las migraciones en las fronteras en Iberoamérica*, cit.

Caraibi: il flusso degli haitiani

In quest'area geografica, senza dimenticare gli altri flussi, predomina quello che da Haiti va verso la Repubblica Dominicana: un movimento storico, prodotto da catastrofi naturali e dalle condizioni politiche ed economiche di Haiti. Negli ultimi anni, questo flusso ha raggiunto cifre considerevoli, che lo hanno reso una priorità per le varie organizzazioni non governative che operano nella regione. Infatti, si stima che nel 2012 i migranti haitiani nella Repubblica Dominicana rappresentassero l'87% di tutti i migranti presenti nel Paese[8], la stragrande maggioranza dei quali erano irregolari.

Ma, a parte le dimensioni, il flusso migratorio haitiano ha guadagnato particolare attenzione in quanto prodotto dalle politiche attuate dal governo della Repubblica Dominicana negli ultimi quattro anni. Nel 2013 il governo dominicano, con la sentenza 168/13 — una decisione che ha cambiato retroattivamente la normativa in vigore dal 1929[9] —, ha tolto la nazionalità a circa 250.000 persone dominicane di origine straniera, soprattutto haitiana. Il provvedimento ha fatto crescere in modo considerevole il numero di migranti stranieri sul territorio e ne ha aggravato la mancanza di protezione legale, dal momento che essi si sono visti strappare tutti i diritti legati alla cittadinanza. Dopo questo intervento così drastico, l'anno successivo la sentenza è divenuta legge; la normativa avrebbe dovuto attutire l'impatto del meccanismo sopra descritto, ma la sua entrata in vigore non ha ottenuto gli effetti sperati.

Successivamente, nel 2015, il governo dominicano ha lanciato un «Piano nazionale di regolarizzazione degli stranieri» (Pnre), affinché i migranti stabilmente presenti nel Paese potessero regolarizzare il loro *status* di residenti. Tuttavia l'attuazione di questo Piano ha trovato molti ostacoli; così molti immigrati non hanno potuto accedere in tempo alla regolarizzazione, e le persone che sono riuscite a registrarsi sono state solo circa 288.000: una cifra importante in termini assoluti, ma non se si pensa a quanto sia numerosa la po-

8. Secondo la Prima indagine nazionale sugli immigrati nella Repubblica Dominicana, condotta dalle Nazioni Unite nel 2012.
9. Cfr R. CÓRDOVA ALCARAZ - P. CASTAÑO ACOSTA (eds), *Migración, desarrollo y derechos humanos...*, cit.

polazione haitiana nella Repubblica Dominicana. A questa situazione si aggiungono le ripetute violazioni del divieto di deportazioni durante l'attuazione del Pnre: deportazioni che sono state effettuate senza alcun controllo.

Come se ciò non bastasse, oltre alle palesi violazioni dei diritti della popolazione haitiana, hanno cominciato a diffondersi pratiche xenofobe molto evidenti, che hanno offerto alle persone di origine haitiana ulteriori motivi per lasciare la Repubblica Dominicana e cercare altri luoghi con maggiori opportunità economiche: ad esempio, Brasile e Cile, dove però i migranti devono affrontare non soltanto la mancanza di riconoscimento legale, ma anche la differenza linguistica e la mancanza di riconoscimento culturale e sociale. Nell'ultimo anno, la crisi economica e politica del Brasile ha portato a privilegiare la migrazione verso il Cile, sebbene sia possibile trovare migranti haitiani in transito in America Centrale e in Colombia.

Tra Colombia e Venezuela

Negli anni passati, i flussi migratori in questa zona erano determinati dal conflitto armato colombiano e dalle sue conseguenze in termini di spostamenti interni e di migrazioni verso i Paesi vicini in cerca di protezione internazionale. Tuttavia i flussi ora stanno cambiando, in particolare dopo la chiusura delle frontiere da parte del governo venezuelano, che ha innescato una grave crisi umanitaria.

Da luglio 2015, le forze di sicurezza venezuelane hanno condotto più di 135 operazioni, comprese alcune retate nelle comunità popolari, nell'ambito della «Operazione di liberazione e protezione del popolo» (Olp): un intervento che si è poi tradotto in deportazioni che hanno raggiunto il loro picco nell'agosto del 2015. Occorre rilevare che questo tipo di azione è stato giustificato in due modi: la lotta contro le bande criminali, che fanno aumentare il tasso di violenza in Venezuela, e la liberazione del Paese da gruppi armati e politici di destra[10].

___

10. SJR-LAC – SJR-COLOMBIA, *Balance de la situación en frontera posterior a la emergencia humanitaria*, 2016.

Secondo l'ultimo rapporto sulla situazione umanitaria al confine tra Colombia e Venezuela, curato dall'«Ufficio delle Nazioni Unite per il coordinamento degli affari umanitari» (Ocha), dei 24.292 colombiani tornati in patria, 1.950 sono da considerare deportati. Precisamente, la distribuzione nei dipartimenti è la seguente: Norte de Santander (18.770 rimpatriati / 1.109 deportati), Vichada (193 rimpatriati / 1 deportato), La Guajira (1.938 rimpatriati / 739 deportati), Arauca (1.441 rimpatriati / 101 deportati). In altre parole, molte di queste persone erano emigrate a causa del conflitto armato in Colombia e, nel farle rimpatriare, non è stato rispettato il loro *status* di rifugiato, violando i diritti e la legislazione che le protegge.

Sul fronte venezuelano, è sorprendente che, data la congiuntura politica, economica e sociale del Paese, sia iniziato un flusso di venezuelani verso la Colombia, nonostante la chiusura della frontiera da parte del governo di Caracas. Sebbene non esista un esplicito conflitto armato in Venezuela, le persone decidono di migrare a causa della crisi economica, della scarsità di cibo, del livello di violenza, della radicalizzazione politica e della sensazione di non avere alcuna prospettiva nel proprio Paese.

Sud America: flussi intraregionali e «migrazioni circolari»

Per quanto riguarda il Sud dell'America Latina, i principali Paesi di destinazione dei vari flussi migratori sono Brasile, Cile e Argentina. Questa parte del continente è storicamente caratterizzata dal fenomeno di avere flussi intraregionali, causati dalla presenza di popoli indigeni che abitano in una regione — quella dell'altopiano — che trascende i confini statuali e le dinamiche economiche legate alla domanda di manodopera. È quanto si può osservare ai valichi di frontiera: un esempio è il passo di Chacalluta-Santa Rosa, al confine tra Cile e Perù, dove i peruviani vanno ad Arica per lavorare e i cileni si recano a Tacna per consumare beni, e per usufruire di servizi e cure mediche, per via del tasso di cambio favorevole. Allo stesso modo, fra Tacna e Arica, o anche tra Arica e Oruro o La Paz, è normale incontrare una «migrazione circolare», che quotidianamente transita dall'uno all'altro lato della frontiera per ragioni di lavoro ed economiche.

Tuttavia ci sono eccezioni a questa tendenza naturale della mobilità umana nella regione. L'estensione dell'Amazzonia e i valichi di frontiera come il Desaguadero — tra Perù, Cile e Bolivia — che sono privi di controlli, sono diventati corridoi molto frequentati dai migranti respinti altrove e dalle vittime della tratta di esseri umani, principalmente afro-colombiani e dominicani, uomini e donne: flussi che rappresentano una sfida importante per i vari Paesi coinvolti.

Allo stesso modo, dopo il terremoto del 2010 ad Haiti, il numero di cittadini haitiani che ha lasciato il Paese a causa della crisi umanitaria e politica è cresciuto in modo esponenziale. Si calcola in 80.000 il numero degli haitiani in Brasile e, sebbene non ci siano studi o dati ufficiali, il «Servizio dei gesuiti per i migranti del Cile» (Sjm-Cile) accoglie sempre più haitiani in arrivo dal Brasile, i quali riferiscono che nel loro Paese, sebbene incontrino meno xenofobia che in Cile, ci sono sempre meno opportunità di lavoro.

Dai confini come «limiti» alle frontiere come «ponti»

Come si intuisce da questa rapida carrellata di alcuni dei principali flussi migratori in America Latina, la dinamica delle migrazioni è in sé complessa, e le sue cause e conseguenze sono diverse, sebbene sia chiaro che si vanno consolidando in modo paradossale sia politiche di libero commercio sia politiche migratorie restrittive. Ciò significa che siamo di fronte a una globalizzazione a metà, la quale, combinata con le dinamiche dell'economia illegale (traffico di droga, tratta di esseri umani, contrabbando di armi ecc.), finisce per aggravare proprio le situazioni sociali critiche che sono all'origine dei crescenti flussi migratori.

Lungi dal vedere una soluzione a questi processi, cominciamo però a individuare sfide enormi che ci invitano a smettere di concepire i confini come limiti che generano differenze, separano e a volte oppongono le popolazioni tra loro, e a cominciare a pensare quegli stessi confini come ponti di interazione che consentano la formazione di «soggetti transfrontalieri», aperti alle dinamiche interculturali, protagonisti del loro territorio e che contribuiscono a una società giusta, inclusiva e fraterna.

MIGRANTI AFRICANI: DOVE RIFARE «CASA»?

Wilfred Sumani S.I.

L'Africa è il «continente della speranza». Una speranza che vediamo negli occhi degli uomini e delle donne, per la grande maggioranza giovani, che arrivano in Europa. Una speranza che, se trova la possibilità di essere accettata, messa a frutto e accompagnata adeguatamente, insieme alla comunità che li accoglie, può essere un grande contributo per l'Europa che va invecchiando. Tuttavia le notizie dei migranti africani che perdono la vita sulla via verso l'Europa sono ormai all'ordine del giorno. L'isola di Lampedusa evoca immagini orribili di migliaia di corpi neri senza vita, gettati a riva dalle onde inesorabili del mare. Ci si aspetterebbe che tutte quelle vittime fungessero da deterrente per chi aspira a queste migrazioni, ma migliaia e migliaia di africani continuano a intraprendere il rischioso viaggio in mare per l'Europa. Nella stessa Africa, d'altra parte, benché continui a fornire accoglienza per l'80% dei suoi migranti, oggi non sempre a chi proviene da altre zone del continente è stata accordata quell'ospitalità che rappresenta uno dei tratti distintivi dell'*ethos Ubuntu* (che significa «umanità», «reciproca benevolenza»). Lo dimostra, ad esempio, la recente ondata di attacchi xenofobi scoppiati in Sud Africa.

I migranti cercano una nuova casa?

La storia dell'umanità è piena di migrazioni di popoli. Di fatto, gli spostamenti hanno caratterizzato le società umane fin da prima dell'avvento della civiltà. Le persone si trasferivano da una zona all'altra in cerca di cibo, acqua e sicurezza. Anche dopo l'introduzione dell'agricoltura, le comunità hanno continuato a muoversi alla ricerca di terreni fertili e di pace. In altre parole, le migrazioni sono sempre state attivate dalla carenza di una necessità primaria, da un lato, e, dall'altro, dalla prospettiva di una vita migliore altrove. Ma ci si può chiedere: migrazione è partire da casa oppure cercare una casa? Per rispondere a questa domanda è anzitutto importante analizzare il concetto di «casa», che si presta facilmente a usi banalizzanti e superficiali.

Che cosa è «casa»?

C'è una stretta connessione tra lo spazio fisico e il concetto di casa. La casa è lo spazio che ospita i ricordi. Si dice che sia la dimora – e in particolare la dimora in cui si nasce – a offrire l'esperienza primordiale di una casa. La vita umana inizia con il benessere offerto dal calore umano dato e ricevuto in una casa. Nel calore di una casa, essere è ben-essere. «La vita comincia bene», perché «incomincia racchiusa, protetta, al calduccio nel grembo della casa»[1]. Quando si viene gettati fuori dall'abitazione in cui si è nati, nel vasto mondo crudele, si rimpiange e si sogna quel calore di cui un tempo si godeva nella dimora natale. Caratteristica essenziale della «casa» è un senso di protezione. Casa è la culla che ci protegge da ogni forma di pericolo. La perdita del calore e della protezione della «casa primordiale» può provocare disturbi della personalità.

La stretta associazione tra «casa-focolare domestico» e «casa-abitazione» è messa in evidenza dal fatto che in molte lingue africane – in particolare le lingue bantu dell'Africa sub-sahariana – i termini usati per «casa» e «abitazione» sono molto simili, quasi identici. In swahili, per esempio, «abitazione» è *nyumba*, mentre «casa» è *nyumbani*. In chewa (che si parla in Malawi, Zambia e Mozambico), «abitazione» si dice *nyumba*, e «casa» *kunyumba*. I Bemba dello Zambia chiamano l'«abitazione» *ng'anda*, mentre la «casa» si dice *kung'anda*. Si capisce quindi come nelle società tradizionali africane la vita di strada fosse sconosciuta. Nella società tradizionale, il fenomeno dei bambini di strada, che attualmente affligge molte città africane, non avrebbe senso; infatti, essere a casa propria significa necessariamente avere un'abitazione.

Inoltre, per l'africano la casa è la terra ancestrale, il luogo dove sono sepolti gli antenati. Quando si muore, ci si deve ricongiungere

---

1. Cfr G. BACHELARD, *La poetica dello spazio*, Bari, Dedalo, 1957, 35.

con i propri antenati. Infatti, «è nella terra del riposo ancestrale il luogo in cui i genitori seppelliscono i cordoni ombelicali dei loro figli, per collegarli in modo inequivocabile alla loro ascendenza»[2]. Quando le cose vanno male, gli africani tendono a tornare alla terra ancestrale, dove svolgono riti tesi a ripristinare l'armonia e il benessere. Lasciare la propria terra d'origine comporta la recisione dei legami fondamentali con i propri antenati; tale separazione può determinare uno squilibrio psicologico[3]. Ecco perché molte società africane insistono sul rimpatrio dei corpi di amici e parenti, affinché il defunto possa riposare a casa piuttosto che vagare per sempre nell'aria.

Quanto è stato detto dovrebbe portare a rafforzare la tendenza a territorializzare l'idea di casa. Poiché il focolare domestico è inestricabilmente connesso con certi spazi che evocano il calore primordiale e il benessere, il rapporto tra la casa e altri spazi sembrerebbe essere un rapporto di contraddizione più che di contrarietà[4]. Mentre la contrarietà ammette una continuità tra due realtà diverse (per esempio, nero e non-nero), la contraddizione genera una contrapposizione radicale tra opposti (per esempio, bianco e nero). Si direbbe quindi che gli africani che lasciano l'Africa per l'Europa e altre destinazioni vadano via di casa per una sorta di esilio o di diaspora: si stanno «spargendo» o «disperdendo» (tale infatti è il significato della parola greca *diaspora*).

Ciò implica che quanti lasciano le proprie terre ancestrali non saranno mai a casa, ovunque vadano. Potranno avere una buona abitazione, ma quell'abitazione non potrà mai diventare per loro una casa. Potranno godere della sicurezza socio-economica, ma questa non potrà mai sostituire il calore della culla ancestrale.

La realtà, tuttavia, è più complessa. «Casa» non è un concetto fisso, ma dinamico. Non è un'entità monolitica, ma una realtà ambivalente. Non è un prodotto confezionato, ma un processo. La storia umana offre ampie dimostrazioni del fatto che «casa» è un concetto relativo. L'idea di casa è il prodotto di ricordi, fantasie e aspirazioni. Gli esseri umani sono

---

2. L. MAGESA, *What is Not Sacred? African Spirituality*, Nairobi, Acton Publishers, 2014, 59.

3. Cfr J. MBITI, *African Religions and Philosophy*, Oxford, Heinemann, 1969, 26 s.

4. Prendiamo in prestito questa idea dal «quadrato semiotico», uno strumento della linguistica.

sempre alla ricerca della loro casa «ideale», che sfida ogni tentativo di localizzazione. Qualsiasi spazio abitato può potenzialmente diventare casa fintantoché offre un certo numero di beni. Per lo stesso motivo, anche la terra avita può smettere di essere casa una volta che non garantisce più i beni essenziali per la sopravvivenza e il benessere umano.

Il racconto biblico della vocazione di Abramo offre spunti interessanti. Innanzitutto, Abramo è chiamato a lasciare la sua terra natia al crepuscolo della sua vita. Chi avrebbe mai detto che all'età di 75 anni egli potesse avventurarsi nel crudele mondo esterno, alla rischiosa ricerca di una nuova casa? La sua partenza da Carran lo fa subito piombare nella crisi della liminalità: egli perde qualunque titolo o diritto di cui godeva nella terra ancestrale.

La sua chiamata è raccontata in *Gen* 12,1-3, ma nel versetto 10 egli è già preda dei morsi della carestia, che lo costringono a lasciare la Terra promessa per andare in Egitto, dove rischia di perdere la moglie a causa del faraone. Ciononostante, le tribolazioni del suo soggiorno non lo inducono a far ritorno a Carran, la sua terra d'origine. Sebbene in seguito vi mandi il suo servo per riportare da lì una moglie per Isacco, Abramo non tornerà mai nella terra di suo padre Terach. La casa di Abramo non è alle sue spalle: Dio ha promesso una casa a lui e ai suoi discendenti. Quando Abramo muore, le sue ossa non vengono riportate a Carran: egli viene sepolto in una terra che aveva acquistato dagli hittiti (cfr *Gen* 25,7-10).

Un altro racconto interessante è quello del Libro dell'Esodo. Il popolo di Israele è vissuto in Egitto per 430 anni, dopo di che la sua percezione di «casa» viene compromessa dalla nascita di un re ostile all'esistenza della comunità degli israeliti. Dal punto di vista umano, quattro secoli sarebbero stati più che sufficienti a chiunque per chiamare un luogo «casa», soprattutto quando esso offriva sicurezza e prosperità (cfr *Gen* 47,27), perché in Egitto «Israele non ha soggiornato: vi *ha abitato*, vi si è stabilito saldamente»[5].

È probabile che nelle sue conversazioni e attività quotidiane il popolo di Israele chiamasse «casa» l'Egitto. Gli Stati Uniti d'America costituiscono un buon esempio in proposito: sebbene questa nazione abbia

---

5. W. Brueggemann, *The Land: Place as Gift, Promise, and Challenge in Biblical Faith*, London, SPCK, 1978, 9. Corsivo nel testo.

meno di 300 anni, le comunità che vi sono migrate dall'Europa e da altri luoghi, anche meno di un secolo fa, oggi chiamano l'America «casa».

Eppure, anche dopo 400 anni il popolo di Israele fu pronto a intraprendere un viaggio verso la sconosciuta Terra promessa: una terra in cui, nella fantasia popolare, scorrevano latte e miele (cfr *Es* 3,8.17; 33,3). Antichi ricordi della Terra promessa vennero ridestati per sostenere l'urgente ricerca della libertà. L'esodo fu reso necessario dai disagi della schiavitù. Sebbene l'esperienza del deserto fosse una dura tappa estrema, che spesso riportava nell'immaginazione del popolo i ricordi delle pentole della carne in Egitto (cfr *Es* 16,3), gli israeliti continuarono a marciare verso la Terra promessa. Nella loro ricerca di una nuova casa furono sostenuti dalla manna dell'immaginazione e dalle quaglie della speranza. La casa era davanti a loro, non dietro: dopo l'attraversamento del Mar Rosso, non era più possibile il ritorno.

L'esperienza degli israeliti mostra che anche la comunità più stabilizzata si mette comunque alla ricerca di una casa alternativa, se le condizioni di vita sono diventate insopportabili nel luogo che finora essa ha chiamato «casa». Le persone che hanno lasciato l'Europa per le Americhe si sono sradicate dalle proprie terre ancestrali per cercare un luogo più meritevole del nome di «casa». Nessuna radice culturale è tanto forte da trattenere in un luogo un popolo il cui benessere sia stato compromesso.

L'avvento dell'urbanizzazione ha visto le comunità africane abbandonare le proprie case alla ricerca di opportunità nelle città. Così il movimento dei popoli – specialmente dei popoli rurali che inseguono le promesse della modernizzazione – relativizza il significato della casa come terra ancestrale[6].

Un'altra osservazione che possiamo fare è che proprio nella misura in cui le nuove abitazioni si trasformano gradualmente in «case», i nuovi arrivati alla fine cominciano a etichettare altri come stranieri. Così, nella sua prescienza, Dio ammonì il popolo di Israele: una volta che avessero ereditato la terra, non avrebbero dovuto maltrattare gli stranieri, perché essi stessi un tempo erano stati stranieri in Egitto (*Es* 22,20). La memoria tende a dimenticare, proprio perché ciò che viene ricordato è in parte una sua costruzione. La crescita dei movimenti politici contrari

6. Cfr R. SCHREITER, *The New Catholicity: Theology Between the Global and the Local*, Maryknoll (NY), Orbis Books, 1997, 11.

all'immigrazione in Europa e altrove è un esempio eloquente di come la questione dell'«origine» sia, nel complesso, una costruzione. È un dato di fatto che gli antenati di ogni persona sono venuti da qualche parte[7]. L'immaginazione costruisce «casa» non meno della memoria, ed entrambe sono selettive. Ciò che viene immaginato e ricordato è informato, in larga misura, dalle gioie e dai dolori del presente. Gli attacchi xenofobi in Sud Africa, per esempio, sono in parte animati da una memoria selettiva. Sebbene nei registri della storia sia rimasto a verbale il fatto che gli Ndebele dello Zimbabwe sono figli e figlie di Mzilikazi, il quale, nei primi anni del XIX secolo, sfuggì agli attacchi mortali di Shaka Zulu, oggi, appena un secolo più tardi, certi sudafricani non avrebbero remore a etichettare come «stranieri» le donne e gli uomini Ndebele, che scendono a sud in cerca di cibo e di riparo. Si direbbe che il concetto di Stato nazionale, che in Africa ha a malapena mezzo secolo di vita, venga considerato come un punto di riferimento assoluto rispetto a chi fa o non fa parte di una comunità.

L'Africa e la memoria delle case distrutte

Le migrazioni di persone all'interno e fuori dell'Africa sono il prodotto del fallimento delle comunità africane – e soprattutto dei loro leader – nel rendere i Paesi africani una casa per la gente. Un mito africano della creazione dice che in principio Dio, gli esseri umani e gli animali vivevano insieme in pace. Ma un giorno gli esseri umani iniziarono a giocare con alcuni pezzi di legno secco, sfregandoli uno contro l'altro, finché non produssero il fuoco. Il fuoco provocò danni così grandi alla casa primordiale da costringere gli animali a fuggire nella foresta, e Dio a ritirarsi nei cieli[8]. La loro casa era distrutta.

Allo stesso modo, Adamo ed Eva hanno fatto di tutto per distruggere la «casa» quando hanno violato il patto e hanno mangiato il frutto proibito; proprio come Caino, uccidendo suo fratello, ha distrutto una casa e si è condannato ad essere un eterno vagabondo

7.   Cfr R. RUBENSTEIN, *Home Matters: Longing and Belonging, Nostalgia and Mourning in Women's Fiction*, New York, Palgrave, 2001, 164.
8.   Cfr M. SCHOFFELEERS, *Religion and the Dramatisation of Life: Spirit Beliefs and Rituals in Southern and Central Malawi*, Blantyre, Claim, 1997, 25-28.

sulla terra. Quella della prima famiglia «è una storia che si sposta velocemente dalla casa verso l'assenza di un tetto, da una vocazione a occuparsi della casa alla distruzione violenta di questa, da una visione di armonia domestica a una narrazione di violenza domestica»[9].

Le condizioni politiche e socio-economiche in Africa richiamano alla mente le case distrutte. La violenza politica alimentata dal fuoco dell'avidità, il sottosviluppo della produzione e delle infrastrutture manifatturiere, l'orizzonte sempre più ristretto lasciato alla solidarietà – ben esemplificato dalla pandemia del tribalismo –, la continua diminuzione delle opportunità economiche, aggravata dalla corruzione e dalla radicata cultura dell'importazione di prodotti e servizi stranieri, che generano la perdita massiccia di posti di lavoro: ecco alcuni fattori che distruggono la casa e che mettono in moto quelle forze centrifughe chiamate «migrazioni». Migrazioni che, purtroppo, sono in primo luogo alimentate da conflitti e violenze nuovi e irrisolti, corruzione e violazione dei diritti umani, distruzione degli ecosistemi e catastrofi naturali, siccità e desertificazione, imposizioni di modelli di vita e culturali, crescita di fenomeni di integralismo, mancanza di sicurezza e molte altre cause che affliggono il continente africano e tengono i suoi figli e le sue figlie in una morsa. L'unica speranza in queste situazioni si intravede nella fuga verso luoghi ove si cerca sicurezza, protezione. Quando intere comunità s'imbarcano su natanti sovraffollati che puntano a nord, non stanno cercando nient'altro se non un luogo propizio per fare casa. Se le condizioni all'estero consentiranno loro di prosperare, un giorno i discendenti di quei migranti chiameranno «casa» le terre di oltremare.

Le migrazioni nell'era delle politiche antimmigrazione

Anche se, in linea di principio, la casa non può essere ridotta alla dimensione spaziale, la realtà politica di oggi tende a legare la «casa» al territorio in cui si è nati. Per esempio, la questione dei *birther* che ha coinvolto anche Barack Obama mostra chiaramente che l'essere nati nel Paese è *conditio sine qua non* per l'eleggibilità alla carica più alta dello Stato.

9.   S. BOUMA-PREDIGER – B. J. WALSH, *Beyond Homelessness: Christian Faith in a Culture of Displacement*, Grand Rapids (NY), William B. Eerdmans, 2008, 15.

Inoltre, mentre i muri del territorialismo vengono liquefatti dal calore della globalizzazione, le comunità stanno diventando sempre più protettive nei confronti dei propri spazi. Tale protezionismo sta dando vita a movimenti politici antimmigrazione di estrema destra in Europa, in Australia, in Sud Africa, negli Stati Uniti e altrove. Sebbene la politica di Donald Trump, tesa a limitare l'immigrazione negli Stati Uniti, sembri scatenare il malcontento generale secondo i principali mass media, tuttavia è probabile che la posizione del Presidente sia in linea con i sentimenti di vasti settori sociali del mondo sviluppato. In Francia e in Italia, in Germania e nel Regno Unito, i movimenti antimmigrazione stanno guadagnando terreno in campo politico, sfruttando la crescente paura del terrorismo. Infatti, «in un mondo di caos e violenza, l'ospitalità è impossibile, perché la gente cerca di tenere a bada il caos chiudendo le porte»[10].

Man mano che la voce del coro antimmigrazione si fa più alta, diventano più rigide le procedure legali per ottenere documenti di viaggio o permessi di soggiorno. E senza documenti validi, il compito di metter su casa in una nuova terra diventa una possibilità improponibile. Di conseguenza, molti dei migranti africani privi di documenti finiscono al freddo sulle strade d'Europa. Tante donne e ragazze restano intrappolate nel buco nero della prostituzione, mentre molti uomini vengono usati come esche per i cartelli della droga, come il film spagnolo *Biutiful*, del 2010, ha mostrato in modo eloquente.

Rifare casa in Africa

È importante che gli africani si formino alla partecipazione politica, che vuol dire studiare e lavorare, in dialogo costruttivo ed esigente con i propri governanti. Un dialogo che, quando occorre, può anche diventare dissenso e protesta, purché sia sempre informato dal rispetto delle persone e del diritto, e orientato al bene comune. Il continente ha un estremo bisogno di governi che mettano al primo posto non propri interessi, ma le necessità dei propri popoli: il cibo, il posto di lavoro, la sicurezza, l'istruzione e così via. Ci sono stati cambiamenti di regime, a volte a costo della vita di persone innocenti, ma l'avvicendarsi dei leader non sempre produce il risultato sperato. Con grande disappunto,

---

10. ID., *Beyond Homelessness...*, cit., 20.

molte comunità africane hanno viste deluse le proprie attese e hanno perso la speranza «politica», nell'accezione più alta di questo termine. Tuttavia il continente africano è depositario di grandi risorse, immensi tesori di valori umani sinora troppo poco messi a frutto.

Uno di questi è il capitale costituito dallo spirito comunitario. Se questo rappresenta spesso uno dei gravi problemi dell'Africa quando degenera in settarismo e violenza, tuttavia, se rettamente gestito, può anche costituire una ricchezza. Per raggiungere una prosperità durevole le comunità africane possono pianificare e lavorare confidando su se stesse secondo il principio della sussidiarietà, che è bene venga maggiormente rispettato e valorizzato dai governanti e che può grandemente contribuire alla svolta di cui il continente ha bisogno.

Per ricostruire la casa africana, poi, molto si potrebbe fare, anche a prescindere dalle soluzioni politiche. Una delle risposte ai mali del continente africano è l'imprenditorialità locale, partecipativa e responsabile, orientata all'innovazione. Ci sono imprenditori stranieri che arrivano in Africa e fanno fortuna proprio nei cortili dei quartieri poveri, perché sanno come identificare e sfruttare le opportunità di investimento che sono rimaste inutilizzate. Il paradosso è che, per viaggiare via mare verso l'Europa, i migranti africani pagano migliaia di dollari ai trafficanti illegali: denaro che potrebbe essere investito in settori redditizi – come per esempio quello della produzione di energia rinnovabile e di alimenti –, restando nel continente.

In secondo luogo, le comunità africane hanno bisogno d'imparare l'arte della semina: semi per il cibo di cui nutrirsi, semi della tecnologia, semi di uno sviluppo sostenibile. L'espansione della popolazione ha bisogno di essere affiancata dall'espansione delle risorse di base. La proliferazione della libera economia di mercato sta invece rapidamente trasformando l'Africa in un grande mercato selvaggio per prodotti provenienti da tutto il mondo. Secondo un'inchiesta della Bbc, la Nigeria spende 5 milioni di dollari al giorno per farsi spedire riso. Ciò significa che, negli ultimi cinque anni, quel Paese dell'Africa occidentale ha importato circa 17 milioni di tonnellate di riso. L'1,26% del bilancio complessivo per il 2017 è dedicato all'importazione di riso, sebbene il Paese abbia terra in abbondanza per coltivarlo[11].

Le tecnologie di irrigazione ora disponibili fanno sì che la siccità non possa più essere una scusa valida per l'insufficienza di cibo che colpisce le popolazioni africane. Il secondo racconto biblico della creazione (*Gen* 2,4-25) dice che Dio ha piantato il giardino dell'Eden senza acqua piovana. Per irrigare la superficie della terra Dio usò l'acqua sorgiva: «Quando il Signore Dio fece la terra e il cielo, nessun cespuglio campestre era sulla terra, nessuna erba campestre era spuntata, perché il Signore Dio non aveva fatto piovere sulla terra e nessuno lavorava il suolo e faceva salire dalla terra l'acqua dei canali per irrigare tutto il suolo» (vv. 4-6). Nella sua infinita saggezza e provvidenza, Dio ha benedetto il continente africano con specchi d'acqua sufficienti a far sì che le comunità non dovessero fare affidamento sulla pioggia. Quando queste risorse verranno sfruttate per la produzione alimentare, le donne, gli uomini e i bambini africani smetteranno di vagheggiare immaginarie pentole della carne all'estero; l'Africa tornerà a essere casa.

In terzo luogo, gli africani che hanno il privilegio di andare all'estero dovrebbero riportare in patria non soltanto denaro (sotto forma di rimesse) o competenze, ma soprattutto una *Weltanschauung* che rinforzi e valorizzi i processi e prenda sul serio il ruolo dell'iniziativa diretta come motore per dare vita a economie innovative e a governi responsabili.

Nella vita, a parte la pioggia, non c'è niente che cada dal cielo. La costruzione di infrastrutture funzionali dipende dallo sforzo e dall'ingegno degli esseri umani. In generale, le innovazioni significative provengono dal basso. Per esempio, non è stato il governo federale degli Stati Uniti a concepire o a costruire Facebook. Non è sufficiente dunque che gli africani si assicurino posti di lavoro in Occidente, né che siano in grado di inviare denaro alle famiglie rimaste a casa: fondamentale è piuttosto la capacità, da parte di coloro che sono espatriati, di far tesoro della competenza dei Paesi sviluppati per utilizzarla nella trasformazione dell'Africa.

---

11. Cfr I. Ndukwe, «Why does Nigeria import so much rice?», in www.bbc.com/news/ 2 febbraio 2017.

Infine, aiuti, contributi e donazioni dovrebbero concentrarsi meno su progetti orientati al consumo e più su infrastrutture finalizzate alla produzione. I miliardi di dollari che si dice siano stati riversati in Africa nel corso dei decenni avrebbero fatto davvero la differenza se fossero stati impiegati per la costruzione di infrastrutture a lungo termine. Un conto è donare i computer a una scuola povera in Africa, altro è insegnare ai bambini africani a costruire computer, soprattutto in considerazione del fatto che la maggior parte delle materie prime si trova proprio in Africa. Un conto è comprare pompe idriche per una comunità rurale, altro è insegnare come fabbricarle ai figli e alle figlie dell'Africa.

La storia offre molte lezioni sul fatto che l'arte della fabbricazione di utensili sta al centro di ogni civiltà e che la prosperità è determinata dall'efficienza degli strumenti di produzione. L'Africa è rimasta ferma all'invenzione degli utensili manuali, come le zappe e le asce, mentre il resto del mondo continua a sfornare nuovi strumenti sul mercato. Reimparare l'arte di fabbricare strumenti è indispensabile per la ricostruzione della casa africana.

Conclusione

Non si può negare che la migrazione sia una delle leggi inscritte nel Dna di ogni creatura capace di movimento. Da tempo immemorabile i popoli, gli uccelli del cielo e gli animali della foresta migrano da una zona all'altra in cerca di cibo, acqua e sicurezza. Ovunque trovino queste risorse, quel luogo diventa una casa. Tuttavia il fenomeno moderno dello Stato nazionale ha trasformato il concetto di «casa» in una realtà territoriale. Pertanto non ha senso neppure negare che allo stato attuale l'Africa sia la sede territoriale degli africani (laddove «africano» non è necessariamente uguale a nero).

In quanto tali, le comunità africane faranno bene a iniziare l'arduo compito di rimettere in piedi la propria casa, invece di correre all'estero in cerca di aiuto. Il progetto del «fare» casa comincia con il piantare un seme oggi, in modo che le generazioni future possano raccogliere domani covoni dorati di pace, di prosperità e di orgoglio.

AUMENTANO I MURI TRA I POPOLI

GianPaolo Salvini S.I.

Negli interventi che mirano a costruire un clima di pace nel mondo, papa Francesco ha usato spesso le metafore dei muri e dei ponti, come contrapposti tra loro. I muri come simbolo eloquente di divisione, di incomunicabilità, e i ponti come simbolo altrettanto chiaro di incontro tra sponde diverse, tra nazioni, religioni e popoli differenti.

Le citazioni sono innumerevoli. Forse la più nota è quella pronunciata nel discorso che il Pontefice – già questo nome richiama l'idea di «creatore o costruttore di ponti» – fece nei Giardini Vaticani l'8 giugno 2014, alla presenza del presidente israeliano Shimon Peres e del capo di Stato palestinese Mahmoud Abbas: «La vostra presenza, Signori Presidenti, è un grande segno di fraternità [...]. Il mondo è un'eredità che abbiamo ricevuto dai nostri antenati, ma è anche un prestito dei nostri figli: figli che sono stanchi e sfiniti dai conflitti e desiderosi di raggiungere l'alba della pace; figli che ci chiedono di abbattere i muri dell'inimicizia e di percorrere la strada del dialogo e della pace perché l'amore e l'amicizia trionfino»[1].

In altre occasioni papa Francesco è stato assai più drastico, come quando, al ritorno dal viaggio apostolico nel Messico (febbraio 2016), ha risposto a una domanda circa la campagna elettorale per la presidenza degli Stati Uniti e la proposta di Donald Trump di voler completare il muro tra Usa e Messico. Il Papa allora ha dichiarato: «Una persona che pensa solo a costruire muri, e non a costruire ponti, non è cristiana».

---

1. FRANCESCO, *Invocazione per la pace*, Giardini Vaticani, 8 giugno 2014, in www.vatican.va/ Cfr G. SALVINI, «Papa Francesco in Terra Santa. L'invocazione per la pace in Vaticano», in *Civ. Catt.* 2014 II 575-584.

La lotta del Papa contro i muri e a favore dei ponti è stata continua, ma purtroppo non sembra che sia stata sinora coronata da molti successi.

Di questo vogliamo parlare in queste pagine[2], che si riferiscono ai muri, cioè a uno dei simboli più evidenti di divisione. Qualcuno ha notato tristemente, ma saggiamente, che i muri si possono aggirare, eppure restano, almeno come segno di divisione.

I muri nel mondo

«Se nel 1989 si contavano quindici muri a carattere repressivo-difensivo (tra cui quello di Gorizia, che divideva la città in due, segnando il confine tra la Jugoslavia di Tito e l'Italia della Nato), attualmente l'elenco arriva a enumerare oltre sessanta barriere» (p. 4). Un *boom* della fortificazione, che riguarda soprattutto gli ultimi anni: dal 2000 in poi, circa diecimila chilometri di cemento e filo spinato sono stati aggiunti per segregare terre e ribadire confini.

Il muro più noto durante il secondo dopoguerra, anche simbolicamente, è stato quello di Berlino. Esso, eretto rapidissimamente nel 1961 tra il settore sovietico e il settore occidentale dell'ex capitale tedesca, e reso rigidamente invalicabile, sembrava pietrificare la Guerra fredda tra i due blocchi in uno dei punti più sensibili e sino allora più vulnerabili. Viceversa, la sua caduta, nel 1989, segnò la riunificazione della Germania e l'avvento di un mondo nuovo e inatteso, unito come mai era stato prima.

Secondo uno studio pubblicato nel 2016 da Elizabeth Vallet, Josselyn Guillarmou e Zoe Barry, esperti della *University of Quebec*[3], quando venne abbattuto il Muro di Berlino esistevano 16 recinzioni in tutto il mondo. Oggi esse sono 63 e riguardano 67 Stati. Molte sono state già completate, altre sono in via di progettazione e in allestimento.

---

2. Per i dati riportati e per molte osservazioni ci siamo serviti del *dossier* recentemente pubblicato dalla Caritas Italiana: «All'ombra del muro», in *Dossier con dati e testimonianze*, n. 29, settembre 2017. Ad esso si riferiscono i numeri di pagina indicati nel testo. Per un'opera più strutturata, cfr B. TERTRAIS - D. PAPIN, *L'Atlas des Frontières. Murs, Conflits, Migrations*, Paris, Les Arènes, 2016.

3. Per quanto riguarda questo studio, cfr F. MASTROIANNI, «L'era dei muri che dividono il mondo. La mappa interattiva», in *Il Sole 24 Ore*, 7 agosto 2017.

Più volte si è detto che la globalizzazione avrebbe unito sempre più il mondo. In realtà essa ha funzionato in tal senso per quanto riguarda la circolazione delle informazioni, delle merci, della finanza, degli investimenti e delle tecnologie, ma non per la circolazione delle persone: in tutti i modi si vogliono respingere le persone non desiderate e si erigono barriere, perché si sente minacciata la propria sicurezza.

Un terzo dei Paesi di tutto il mondo presenta vari tipi di recinzioni lungo le proprie frontiere. In Africa se ne contano 12, mentre 2 riguardano le Americhe: uno è il muro che separa il Messico dagli Stati Uniti e che il presidente Trump vorrebbe estendere sino a coprire tutti i 3.140 chilometri di frontiera; l'altro è eretto tra il Messico e il Guatemala. Trentasei muri dividono tra loro gli Stati dell'Asia e del Medio Oriente. Altre 16 recinzioni dividono l'Europa: per lo più si trovano nell'Europa Orientale. Di esse, 14 sono recenti, costruite dopo il 2013, soprattutto dopo che si era aperta la via balcanica per gli immigrati desiderosi di giungere in Europa, un percorso che si voleva sbarrare a ogni costo.

Nel 2015 si sono iniziate a costruire 17 barriere, cioè più che in ogni altro anno del dopoguerra; e a queste si possono aggiungere le 4 costruite nel 2016. Nel 2001 ne erano state costruite 7, mentre negli anni successivi (cioè prima del record del 2015-16) è stato un susseguirsi di muri di cemento e di filo spinato, per un totale di circa 10.000 km, in ogni parte del globo: dall'Ungheria alla Bulgaria, dalle due Coree alla Cisgiordania, dall'Arabia Saudita all'India. I motivi addotti dai vari governi per costruire queste barriere vanno dalla volontà di fermare i migranti, o almeno di arginarne il flusso, alla necessità di proteggersi dal terrorismo o dal «nemico». Le guerre e anche l'organizzazione dei trasporti – legali o clandestini – hanno messo in moto milioni di persone. La convivenza tra i popoli è diventata più difficile, e si sono diffuse l'insicurezza e la paura.

«La politica internazionale alle crisi del nuovo millennio ha reagito con un'involuzione reazionaria, costruendo barriere reali e psicologiche» (p. 5). Concretamente, questi «muri psicologici» sono di due tipi: *1)* quelli anti-migranti, nati cioè per proteggere gli Stati sovrani dalle nuove «invasioni barbariche»; *2)* quelli destinati a tutelare il proprio territorio da guerre o da terroristi che provengono dagli Stati confinanti, per motivi religiosi, economici o politici.

Il *Dossier* cita anche un insolito tipo di muro: quello proposto nel 2017 dal sindaco di Pretoria (la capitale del Sudafrica), destinato a separare gli abitanti della zona più ricca (Mamelodi) da quelli della baraccopoli chiamata *Mountain View*, assai più povera e priva dei servizi di base, riproducendo di fatto una forma di *apartheid* che il Paese sembrava deciso a lasciarsi alle spalle come triste e dolorosa eredità del passato.

I muri anti-migranti

I muri di cui si è parlato di più e sui quali si è maggiormente polemizzato sono quelli costruiti per fermare il flusso dei migranti provenienti dal Medio Oriente: un flusso che sembrava inarrestabile. Essi hanno portato all'interruzione della cosiddetta «rotta balcanica», che conduceva i migranti verso i Paesi dell'Europa orientale. Innanzitutto si volle costruire una barriera tra Turchia e Grecia per sbarrare il passaggio dell'Evros, il fiume che per 160 km segna il confine tra i due Paesi. Si iniziò con la costruzione di un fossato, rivelatosi poi troppo dispendioso e sostituito da una barriera di filo spinato, costruita e finanziata dal governo greco. Nel 2014 fu la volta della barriera fra la Turchia del presidente Erdoğan e la Bulgaria. Nel 2015 la cancelliera tedesca Angela Merkel aveva deciso di sospendere il Regolamento di Dublino e di ricevere nel proprio Paese (che già in passato aveva accolto milioni di profughi dall'Est e di lavoratori stranieri) 600.000 siriani che fuggivano dall'atroce guerra in corso.

Ma, oltre che per le difficoltà politiche che la Cancelliera incontrò anche sul fronte interno, la «rotta balcanica» si è di fatto interrotta per il ripristino dei controlli alle frontiere da parte dell'Ungheria e della Macedonia (confinante con la Grecia) e per la costruzione di muri e barriere, come quella di 175 km tra Ungheria e Serbia. A voler costruire quest'ultima è stato il governo ungherese del premier nazionalista Viktor Orban. A dare il colpo di grazia a questa via di salvezza (che si snodava attraverso Grecia, Macedonia, Serbia, Ungheria, Austria e altri Paesi balcanici) per i milioni di donne, bambini e uomini in fuga è stato l'accordo stipulato da Bruxelles con il governo di Ankara.

Quest'ultimo, in cambio di 6 miliardi di euro, si è impegnato a non lasciar partire i profughi dalle sue coste e ad accettare che i migranti arrivati in Grecia dopo il 20 marzo 2016 fossero deportati di nuovo in territorio turco. Di fatto, i milioni di migranti in territorio turco sono stati imprigionati, o hanno vissuto in condizioni precarie, in attesa di un rimpatrio forzato nei loro Paesi di origine.

Il fenomeno, com'è noto, non è limitato alle frontiere orientali. Anche la Spagna ha costruito un'ampia doppia barriera di filo spinato per bloccare l'immigrazione irregolare di persone e merci tra il Marocco e le due enclave spagnole di Ceuta e Melilla. Di esse si è parlato soprattutto quando alcune centinaia di persone sono riuscite a superare la barriera, operando una specie di assalto in massa, che la polizia non è riuscita a bloccare.

Le spese per i muri e le barriere

Naturalmente queste barriere, e la relativa sorveglianza per assicurarne l'efficacia, hanno comportato massicci investimenti, sia da parte dei singoli Stati sia utilizzando i fondi europei. Sebbene varie autorità europee e la stampa internazionale abbiano spesso stigmatizzato la condotta «egoista» e antieuropea (nel senso di non aver messo in pratica gli impegni in materia d'immigrazione assunti con l'adesione all'Ue) degli Stati che si sono opposti in ogni modo all'arrivo dei migranti, di fatto l'Unione Europea ha concesso molti fondi per la costruzione dei muri.

La spesa per queste barriere e per la militarizzazione delle frontiere è enormemente aumentata. Secondo il *Border Wars*[4], il bilancio di Frontex (l'agenzia europea per il controllo dei confini esterni) tra il 2005 e il 2016 è passato da 6,3 milioni di euro a 238,7 milioni di euro l'anno, aumentando di quasi 38 volte. In particolare, dal 2014 a oggi è quasi triplicato, passando dai 97 milioni del 2014 ai 281 milioni previsti per il 2017.

Uno degli scopi dei fondi a disposizione di Frontex è la protezione dei migranti, ma in questo caso le spese sono state destinate alla costruzione dei muri e alla militarizzazione delle frontiere; quindi in

---

4.   Cfr M. AKKERMAN, *Border Wars: the arms dealers profiting from Europe's refugee tragedy*, Transnational Institute, dicembre 2016 (citato dal *Dossier*).

primo luogo a beneficio anche di molte aziende militari, tecnologiche e di sicurezza, cioè sostanzialmente delle aziende che producono armi. Esse paradossalmente sono anche quelle che vendono armi ai Paesi africani e del Medio Oriente, alimentando così le guerre che costringono i migranti a fuggire.

La crescita delle spese per la militarizzazione delle frontiere e per il loro controllo è purtroppo coincisa con il drammatico aumento delle morti nel Mediterraneo, passate da 711 nel 2012 a 5.143 nel 2016, 1.300 in più di quelle del 2015. Il numero dei migranti morti nel tentativo di attraversare i confini del proprio Paese in tutto il mondo è passato da 2.109 nel 2012 a 7.927 nel 2016, ma queste sono cifre ovviamente approssimative e per difetto.

Il «muro» più trafficato al mondo è quello tra il Messico e gli Stati Uniti. Si parla di molti milioni di attraversamenti legali ogni anno, ma si continuano a spendere cifre enormi per poterlo meglio costruire e sorvegliare. Il confine è di fatto così lungo (circa 3.140 km) da rendere impossibile una sua sorveglianza efficace. A spendere sono evidentemente gli Stati Uniti, che hanno invano chiesto un contributo al Messico. Dal 2005 a oggi gli Usa hanno speso 132 miliardi di dollari per rafforzare la sicurezza del muro. Mentre in molti punti è presente una vera e propria barriera in muratura, per 560 km si tratta di una recinzione alta 5 metri, e per altri 1.500 km esistono barriere naturali, cioè fiumi o montagne difficilmente valicabili.

L'agenzia federale americana incaricata di controllare il confine, la *Border Patrol*, dispone di oltre 20.000 dipendenti; ciononostante, centinaia di migliaia di persone cercano di attraversare illegalmente la frontiera, soprattutto in cerca di migliori condizioni economiche e di vita, attirate dal «sogno americano» e da un livello di benessere assai superiore. Nel 2016 le persone immigrate sono state quasi 420.000, ma successivamente sono diminuite, sia per le maggiori misure di controllo da parte degli Usa, sia per il miglioramento delle condizioni di vita in Messico, che ha indotto meno persone a tentare la via dell'emigrazione clandestina. Attualmente negli Stati Uniti vivono circa 11 milioni di immigrati irregolari, che pure contribuiscono in varia misura all'economia americana. La loro totale espulsione auspicata dal presidente Trump nuocerebbe certamente, a detta di tutti gli osservatori, all'economia del Paese, oltre a costare varie decine di miliardi di dollari.

I muri di separazione tra i popoli

«I muri sono come un'infezione, fatta di mattoni, reti e filo spinato, che impedisce la cicatrizzazione di ferite fra popoli vicini. Ferite che separano lembi di gente, di persone, che al posto dei muri avrebbero bisogno di ponti di sutura, basati sul dialogo e la conoscenza reciproca» (p. 8). Ma purtroppo, come abbiamo fatto già notare, esistono ancora molti muri, spesso frutto di lotte storiche, che separano popoli diversi per religione e cultura. Così è per il fiume Evros e per la «linea verde» che divide in due l'isola di Cipro, tra la Repubblica greca di Cipro e la Repubblica turca di Cipro. Esiste pure la *Peace-Line* di Belfast, che separa tuttora la parte cattolica della città da quella protestante.

Possiamo poi ricordare la barriera del 38° parallelo, che dal 1948 separa la Corea del Nord da quella del Sud; e in Africa il muro marocchino, che, esteso per oltre 2.700 km, dal 1982 divide in due il Sahara occidentale, con lo scopo di difendere il territorio marocchino dagli attacchi del Fronte Polisario del popolo saharawi. L'India ha costruito barriere, sia in Kashmir a difesa dagli attacchi del Pakistan sia al confine con il Bangladesh per difendersi dall'immigrazione clandestina, ma anche da attacchi terroristici. Un confine militarizzato esiste pure tra Arabia Saudita e Yemen.

Un caso particolarmente emblematico è quello di Israele, al quale il *Dossier* dedica la maggior parte del testo, sia per il significato che esso riveste sia perché è considerato uno dei perenni focolai di guerra e di instabilità a livello regionale e mondiale. «[La nazione israeliana] a partire dal 2000 ha letteralmente recintato se stessa. Ad oggi Israele è totalmente circondata da barriere che la isolano sia all'esterno dalle nazioni limitrofe (quali Libano, Egitto, Siria e Giordania), sia all'interno, come dimostrano i muri della Cisgiordania e di Gaza. Secondo le dichiarazioni del premier Netanyahu, Israele è una villa nella giungla, «circondata da bestie feroci, e l'unica soluzione per difendere il Paese è chiuderla in una grande gabbia. Cemento armato, reticolati e mine anti-uomo» (p. 9).

Alcune osservazioni

Evidentemente non vogliamo fare di ogni erba un fascio: ogni situazione ha una storia diversa e motivazioni e gradazioni pure differenti. Ma vorremmo mettere in evidenza questa triste tendenza a costruire muri, anziché cercare di demolirli per instaurare un clima nuovo, che può essere simboleggiato dai ponti, che creano l'incontro. L'insicurezza o il pericolo non si eliminano soltanto con i muri. Come più volte è stato detto – e non solo da parte cattolica, e in particolare dal Papa –, vanno coraggiosamente trovate altre vie, demolendo o almeno sgretolando anzitutto le barriere che esistono tra gli animi, i popoli, le culture e le religioni. Le guerre e le enormi disparità di livello di vita e di benessere sono una delle principali fonti di violenza e causa di fuga di milioni di disperati.

Evidentemente un Paese ha il diritto di regolare il flusso dei migranti che premono alle sue frontiere. Il Papa ha richiamato più volte la necessità di essere disponibili all'accoglienza e di rinunciare all'idea di proteggere il proprio benessere a tutti i costi; ma insieme a questo obbligo umano, ha anche affermato più volte che «non si possono accogliere tutti». Di solito però i media hanno preferito presentare il Papa come un difensore dell'idea di accogliere tutti a qualunque costo, il che non risponde a verità. Maggior rilievo è stato dato alle dichiarazioni che il Pontefice ha fatto durante il volo di ritorno dalla Colombia, quando ha affermato che in primo luogo occorre calcolare, con la prudenza necessaria a ogni governante, quanti posti sono disponibili per accogliere i nuovi arrivi.

D'altra parte, non ci si può limitare ad accogliere, ma occorre anche proteggere, promuovere e integrare i nuovi venuti, così che non costituiscano più una minaccia – come gran parte della popolazione sembra ritenere –, bensì una risorsa. I nuovi venuti devono accettare leggi e lingua della nuova patria. Contemperare l'accoglienza con l'integrazione è un compito tutt'altro che facile, ma necessario specialmente per l'Italia, la cui popolazione sinora non è diminuita solo grazie all'arrivo dei migranti stranieri. La costruzione di muri e barriere, sia sul terreno sia sul mare, non può essere l'unica risposta, soprattutto tenendo conto dell'esperienza storica dei Paesi oggi sviluppati, e dell'Europa in particolare.

PROSPETTIVE

MIGRAZIONI, UMANESIMO E CIVILTÀ

Adolfo Nicolás S.I.

Riportiamo l'intervento a braccio del p. Adolfo Nicolás, Superiore generale della Compagnia di Gesù, in visita al «Centro Astalli – Servizio dei Gesuiti per i rifugiati in Italia», in occasione della Giornata mondiale del migrante e del rifugiato. L'incontro ha avuto luogo nella chiesa del Gesù a Roma, il 14 gennaio 2016. Il testo, pur con qualche lieve modifica, conserva il carattere orale dell'intervento.

Bisogna essere grati ai migranti venuti in Italia e in Europa certamente per un motivo: ci aiutano a scoprire il mondo. Ho vissuto in Giappone per più di trent'anni e ho lavorato per quattro anni in un centro per migranti, la cui maggioranza non ha documenti in regola. Parlo dunque per esperienza vissuta. E, proprio alla luce di ciò che ho vissuto, lo confermo: le migrazioni sono una sorgente di benefici per i vari Paesi, e lo sono state da sempre, nonostante le difficoltà e le incomprensioni.

La comunicazione tra le varie civiltà avviene, infatti, attraverso i rifugiati e i migranti: è così che si è creato il mondo che conosciamo. Non si è trattato soltanto di aggiungere culture a culture: è avvenuto un vero e proprio scambio. Questo ci dice la storia. Anche le religioni — il cristianesimo, l'islam e l'ebraismo — si sono diffuse nel mondo grazie ai migranti che hanno abbandonato i loro Paesi e si sono mossi da un luogo a un altro.

Per questo occorre essere grati a loro, perché ci hanno «dato» il mondo, senza il quale saremmo chiusi dentro la nostra cultura, convivendo con i nostri pregiudizi e con i nostri limiti. Ogni Paese corre il rischio di rinchiudersi in orizzonti molto limitati, molto piccoli, mentre grazie a loro il cuore può aprirsi, e anche lo stesso Paese può aprirsi a dinamiche nuove.

La conoscenza e la consapevolezza dei problemi comuni e quotidiani, la consapevolezza dell'interdipendenza ci uniscono nel compito di diventare uomini o donne. Sono i migranti che hanno creato un Paese come gli Stati Uniti, un Paese nel quale si è sviluppata la democrazia. Questo non è avvenuto per caso: è proprio perché si è creato un *melting pot*, una mescolanza di culture e di persone, che è nato un Paese così. E, ovviamente, potremmo fare altri esempi nel mondo: l'Argentina, ad esempio, e così via.

I migranti dunque ci possono aiutare ad aprire il cuore, ad essere più grandi di noi stessi. Si tratta di un grande dono. Quindi essi non sono semplicemente «ospiti», ma gente che può dare un contributo al vivere civile, e che offre un apporto notevole alla cultura e alle sue evoluzioni profonde. Proprio grazie ad essi continuiamo ad approfondire l'umanesimo. Dobbiamo prenderne consapevolezza.

Un vescovo giapponese, riferendosi al versetto del Vangelo «Io sono la via, la verità e la vita» (*Gv* 14,6), diceva che l'insegnamento di Gesù si può applicare anche ad altre religioni. Adesso, come Superiore generale dei gesuiti, devo viaggiare spesso in tutto il mondo, e constato che questo vescovo aveva ragione. L'Asia, in particolare, si può considerare la «via». È infatti in Asia che si cerca sempre il percorso, il «come»: come fare yoga, come concentrarsi, come meditare. Yoga, zen, le religioni, il judo — ritenuto il cammino dei deboli, perché si serve della forza degli altri — sono tutti considerati come cammini. Senza creare opposizioni, bisogna considerare che l'Europa e gli Stati Uniti sono preoccupati soprattutto per la «verità»; l'America Latina e l'Africa sono preoccupate per la «vita». I valori della vita sono molto importanti, e per questo abbiamo bisogno di tutti, perché tutti hanno una saggezza e un contributo da offrire all'umanità.

È giunto il momento in cui l'umanità si deve pensare come un'unità e non come un insieme di tanti Paesi separati tra loro con le loro tradizioni, le loro culture e i loro pregiudizi. È necessario che si pensi a un'umanità che ha bisogno di Dio, e che ha bisogno di un tipo di profondità che può venire soltanto dall'unione di tutti. Dobbiamo dunque essere grati per questo contributo di migranti e rifugiati a un'umanità integrale. Essi ci rendono consapevoli del fatto che l'umanità non è formata solo da una parte, ma proviene dal contributo di tutti.

Inoltre, essi ci mostrano la parte più debole, ma anche la parte più forte dell'umanità. La più debole, perché hanno sperimentato la paura, la violenza, la solitudine e i pregiudizi degli altri: questo fa parte della loro esperienza, lo sappiamo bene. Ma ci mostrano anche la parte più forte dell'umanità: ci fanno capire come superare la paura con il coraggio di correre dei rischi che non tutti sono in grado di correre. Essi hanno imparato a non essere bloccati dalle difficoltà nella loro voglia di futuro. Hanno saputo superare la solitudine con la solidarietà, aiutando gli altri, e hanno mostrato che l'umanità è debole, ma può anche essere forte. Ci hanno dimostrato persino che ci sono valori e realtà più profonde di quelle che abbiamo perduto. E questo accade quando si vivono situazioni estreme.

A questo proposito mi viene in mente un'esperienza fatta da mio fratello, che vive negli Stati Uniti. Durante un incendio scoppiato vicino alla sua casa, ha temuto che il fuoco si estendesse alla sua abitazione. Mi ha confessato che, proprio mentre era preso dalla paura, ha imparato a distinguere che cosa è importante e che cosa non lo è. Infatti, non ha messo in salvo il denaro, ma ha portato via un pacco di fotografie, che gli ricordavano le sue radici e la sua vita. In quel momento ha capito che la parte più importante è dentro se stessi, non al di fuori, nemmeno nella casa. Tutto questo lo sperimentano anche i rifugiati: hanno visto il pericolo in faccia e lo hanno affrontato. Pensiamoci almeno per un attimo: «Se non avessimo più una casa, una famiglia, una lingua... Ma se avessimo solo la vita, e anch'essa in pericolo, che cosa faremmo? che cosa penseremmo? che cosa e chi ameremmo?».

Quest'anno noi celebriamo l'Anno della misericordia, un concetto centrale in molte religioni. Nel cristianesimo, nell'islam, nell'ebraismo e in tutte le grandi religioni la misericordia è un concetto molto importante. Senza di essa non si può vivere, e migranti e rifugiati ce ne mostrano un volto.

Quando una persona ha tutto, può essere misericordiosa senza paura; ma quando una persona non ha nulla ed è misericordiosa verso un'altra persona, offre ancora di più. Il volto della misericordia, in questo caso, diventa assai più reale.

Così possiamo imparare da migranti e rifugiati ad essere misericordiosi con gli altri. Impariamo da loro ad essere umani nonostante tutto. Impariamo da loro ad avere come orizzonte il mondo, e non la nostra piccola, ristretta cultura. Impariamo da loro ad essere persone del mondo.

PROSPETTIVE RELIGIOSE E PRINCÌPI ETICI SU CRISI UMANITARIE E RIFUGIATI*

David Hollenbach S.I.

Oggi il contesto umanitario affronta una sfida seria: il numero di persone sfollate è il più elevato dai tempi della Seconda guerra mondiale. L'ex segretario generale delle Nazioni Unite, Ban Ki-moon, ha definito la situazione una «crisi monumentale», che richiede una risposta basata su una «solidarietà monumentale»[1]. Per proteggere l'umanità abbiamo bisogno di sviluppare strumenti molto migliori di quelli messi così chiaramente in crisi dalle tragedie dei nostri giorni.

La prima parte di questo articolo evidenzia alcune risorse presenti nelle grandi tradizioni religiose e spirituali che possono offrire una risposta a questa situazione critica. Viene data particolare attenzione all'ispirazione cristiana del servizio ai rifugiati e si propongono quindi alcune prospettive etiche più orientate alla politica.

Prospettive religiose e spirituali

Di recente alcuni filosofi politici laici, come Joseph Carens, e alcuni studiosi del problema dei rifugiati, come Philip Marfleet, hanno sostenuto che è giunto il momento di aprire le frontiere a tutti coloro che devono lasciare il proprio Paese a causa delle persecuzioni, dei conflitti o dei disastri naturali[2]. In un analogo spirito, il moderno

---

* Titolo originale: «Crisi umanitarie e rifugiati. Prospettive religiose e princìpi etici».

1. Ban Ki-moon, «Remarks on Forced Displacement: A Global Challenge», Speech at UN News Centre (in www.un.org/apps/news/infocus/sgspeeches/statments_full.asp?statID=2997#.V0DRKCMrlb1), Washington, D.C., 15 aprile 2016.
2. Cfr J. Carens, «Aliens and Citizens: The Case for Open Borders», in *Review of Politics* 49/2 (1987) 251-273; Ph. Marfleet, *Refugees in a Global Era*, New York, Palgrave Macmillan, 2006, 288-290.

movimento per i diritti umani afferma la dignità universale di tutte le persone e cerca di abbattere i muri che dividono i popoli fra quelli che contano e quelli che non contano, quando sono in gioco i più fondamentali requisiti dell'umanità.

Questo orientamento trova un forte sostegno anche nelle grandi tradizioni religiose di tutto il mondo. Sia nell'ebraismo sia nel cristianesimo ogni persona è stata creata a immagine e somiglianza di Dio e condivide una dignità che oltrepassa le frontiere tra gli Stati nazionali. Papa Francesco ha fatto ricorso a questa nozione biblica durante la sua visita all'isola greca di Lesbo, quando ha ricordato ai rifugiati siriani che «Dio ha creato il genere umano perché formi una sola famiglia», e ha chiamato l'Europa a «costruire ponti» anziché «erigere muri»[3].

Inoltre, ciascuna delle grandi tradizioni monoteistiche – ebraismo, cristianesimo e islam – sia pure con sfumature diverse, fa risalire le proprie origini al patriarca Abramo, che si è allontanato dalla sua terra natale per andare verso il paese di Canaan. L'identità degli ebrei è stata plasmata dalla storia dell'esodo: una migrazione dalla schiavitù in Egitto alla libertà nella terra promessa da Dio. E il Nuovo Testamento ci dice che Gesù, subito dopo la sua nascita, per sfuggire alla persecuzione, dovette lasciare Betlemme e rifugiarsi in Egitto insieme a Giuseppe e Maria. I musulmani misurano il tempo a partire dalla *hijra* – «migrazione» – di Maometto da La Mecca a Medina. Sicché ciascuna di queste comunità di fede vede i propri impegni religiosi ed etici come mete da raggiungere a prescindere dalle frontiere.

Perciò, nel 1963 papa Giovanni XXIII affermò che «per il fatto che si è cittadini di una determinata comunità politica, nulla perde di contenuto la propria appartenenza, in qualità di membri, alla stessa famiglia umana»[4]. Di conseguenza, ai «profughi [...] vanno riconosciuti tutti i diritti inerenti alla persona: diritti che non ven-

---

3. Cfr FRANCESCO, *Discorso* al «Moria refugee camp» di Lesbo (Grecia), 16 aprile 2016, in w2.vatican.va/; ID., *Incontro con la cittadinanza e con la comunità cattolica. Memoria delle vittime delle migrazioni*, 16 aprile 2016, ivi. Cfr anche A. SPADARO, «Roma e Costantinopoli si incontrano a Lesbo. L'ecumenismo delle frontiere», in *Civ. Catt.* 2016 II 237-248.
4. GIOVANNI XXIII, s., Enciclica *Pacem in terris*, n. 12, in w2.vatican.va

gono meno quando essi siano stati privati della cittadinanza nelle comunità politiche di cui erano membri»[5].

Papa Francesco ha ripetutamente insistito sul fatto che la vocazione cristiana comporta la responsabilità di accogliere i profughi con un atteggiamento di compassione e di misericordia.

Priorità di ordine etico per la politica

Alcuni anni fa la filosofa Martha Nussbaum ha definito la nazionalità una caratteristica «moralmente irrilevante» della personalità: una posizione etica che a sua volta implica l'apertura delle frontiere[6]. È evidente che gli Stati e le frontiere continuano ad avere un ruolo di primaria importanza nei confronti dei migranti. Esiste un dovere di amare tutti gli esseri umani in quanto nostro prossimo, ma ci sono anche doveri verso coloro con i quali si hanno relazioni speciali, come i membri della propria famiglia o del proprio Paese. Sicché determinare le priorità di ordine etico fra questi doveri costituisce un compito fondamentale. Tali priorità possono contribuire a formare un orientamento politico per fronteggiare la crisi umanitaria. In alcune circostanze le responsabilità verso coloro che sono più vicini dovrebbero avere la precedenza sulla preoccupazione per chi si trova più lontano. D'altra parte, quando chi è più lontano ha necessità maggiori, queste diventano una priorità.

La dottrina sociale cattolica ha espresso questo concetto nel «principio di sussidiarietà». Esso afferma che esistono speciali doveri all'interno delle comunità più piccole e più vicine. Ma sostiene altresì che, quando si presenta una grave necessità a una distanza maggiore, o quando le comunità locali non rispondono adeguatamente a tale necessità, sono le più ampie comunità regionali o la comunità internazionale nel suo insieme che devono impegnarsi a dare aiuto (*subsidium*)[7]. Questo principio di sussidiarietà, sebbene sia stato sviluppato nell'ambito della dottrina sociale cattolica, è stato adottato

5.   Ivi, n. 57.
6.   Cfr M. C. Nussbaum, «Patriotism and Cosmopolitanism», in Id., *For Love of Country*, Boston, Beacon Press, 2002, 5. La Nussbaum in seguito ha cambiato la sua idea sull'importanza degli Stati-nazione.
7.   Cfr Pio XI, Enciclica *Quadragesimo anno*, nn. 79-80, in w2.vatican.va

dalle Nazioni Unite[8]. Ciò significa che la responsabilità primaria verso i profughi ricade sul Paese di cui essi sono cittadini. Ma se il loro Paese non riesce a proteggerli, il dovere passa ai Paesi vicini e alle istituzioni internazionali.

Quindi, ci sono doveri sia verso i propri concittadini, sia verso i migranti forzati. Nessuno di questi due doveri è assoluto: i doveri verso i concittadini non sempre si impongono su quelli verso i rifugiati, né i doveri verso i rifugiati hanno sempre la precedenza su quelli verso i concittadini.

Vogliamo suggerire ora alcune priorità tra questi tipi di obblighi, mettendo a fuoco in primo luogo i doveri *negativi*, cioè quelli di non agire in modi che possano provocare le crisi umanitarie, e poi i doveri *positivi* verso chi si trova in una situazione critica.

La maggior parte delle migrazioni forzate nel mondo attuale è causata da guerre, come i conflitti in Siria, Afghanistan, Somalia, Sud Sudan e Yemen. I doveri negativi fondamentali riguardo a tali migrazioni si possono individuare facendo riferimento alla tradizione morale nota come «etica della guerra giusta». Questa tradizione richiede che l'impiego della forza sia strettamente limitato alla difesa dei diritti delle persone alla vita e alla libertà, e dei diritti degli Stati nazionali all'autodeterminazione e all'integrità territoriale. D'altra parte, esiste il dovere negativo di non usare la forza per sottrarre alle persone la libertà politica, per sfruttarle economicamente o a motivo delle loro differenze culturali. La violazione di tali diritti negativi è immorale e criminale.

È stata proprio una violazione di questo genere che si è verificata nel 1994, nell'orribile genocidio in Ruanda, dove si fece uso della forza per massacrare la maggior parte della popolazione tutsi. Identica violazione si è avuta nelle atrocità di Srebrenica, dove migliaia di musulmani bosniaci furono sterminati in una «pulizia etnica» a motivo della loro identità. Pertanto, una priorità fondamentale nell'impegno per prevenire le crisi umanitarie dovrebbe tradursi in sforzi molto più intensi per impedire l'iniquo uso della forza.

Le regole della «guerra giusta» vietano anche gli attacchi intenzionali contro la popolazione civile, nonché i danni collaterali

---

8. Cfr United Nations High Commissioner of Refugees, *South Sudan emergency*, in www.unhcr.org/en-us/south-sudan-emergency.html

sproporzionati nei suoi confronti. Il diritto internazionale ha sancito questo tipo di divieti specialmente nella Quarta Convenzione di Ginevra e nel I Protocollo. Alcuni recenti casi di migrazione forzata sono stati conseguenza di violazioni del genere. Per esempio, nella guerra civile scoppiata nel Sud Sudan nel dicembre 2013, come afferma *Human Rights Watch*, sia il governo di questo Paese sia le forze di opposizione «hanno commesso atti di straordinaria crudeltà che costituiscono crimini di guerra e in alcuni casi potenziali crimini contro l'umanità»[9]. Nel caos che ne è seguito, nel gennaio 2018 si sono contati circa 2,5 milioni di profughi sud sudanesi, mentre il numero degli sfollati interni (*Internally Displaced Persons*) si avvicinava ai 2 milioni[10]. In Siria, la violazione dei diritti fondamentali della popolazione civile ha portato alla più grande migrazione forzata nella storia recente.

Tutto ciò solleva la questione dei nostri obblighi *positivi* di assistere gli sfollati, tenendo conto delle nostre responsabilità verso le persone del nostro Paese. Per risolvere tale problema possiamo ricorrere a un tipo di analisi morale originariamente sviluppato negli anni Settanta del secolo scorso, nel contesto del dibattito sulla risposta da dare al regime di *apartheid* che divideva il popolo del Sudafrica secondo la razza e l'etnia.

In tale dibattito, c'era chi sosteneva che soltanto coloro che avevano creato il sistema dell'*apartheid* avevano il dovere di adoperarsi per superarlo: vale a dire, i sudafricani bianchi. Ma alcuni studiosi della *Yale University* richiamarono l'attenzione su un criterio etico diverso: in determinate circostanze noi abbiamo il dovere positivo di contribuire a rimediare a danni di cui non siamo stati la causa[11]. Chiamarono tale criterio *Kew Gardens Principle*, prendendo spunto da un caso tragico verificatosi a Kew Gardens, un quartiere della città di New York. Qui,

---

9. HUMAN RIGHTS WATCH, *South Sudan's New War: Abuses by Government and Opposition Forces* (Human Rights Watch, 2014), 1, 82 e 83. Cfr anche *Interim Report of the Panel of Experts on South Sudan established pursuant to Security Council resolution 2206 (2015)*, in www.southsudanhumanitarianproject.com/reports/docr-532

10. Cfr www.unhcr.org/en-us/south-sudan-emergency.html/; A. RUSATSI, «Il Sud Sudan. A sei anni dalla travagliata indipendenza», in *Civ. Catt.* 2017 IV 466-474.

11. Peraltro si tratta di un principio già noto alla teologia morale cattolica.

nel 1964, una giovane donna, Kitty Genovese, era stata ferocemente assalita e accoltellata a morte davanti a ben 38 testimoni, che avevano assistito all'episodio senza intervenire e senza neppure chiamare la polizia[12]. L'indignazione pubblica destata da quell'episodio dimostra che la maggior parte delle persone sono convinte che in alcuni casi l'omissione può essere un male non minore dell'assassinio.

Basandosi su questa convinzione, il *Kew Gardens Principle* dichiara che si ha il dovere positivo di aiutare, quando sono presenti queste 4 condizioni: *1)* esiste un *bisogno* grave; *2)* ci si trova in *prossimità* del bisogno; *3)* si hanno le *capacità* per aiutare; *4)* si è probabilmente l'*ultima risorsa* da cui ci si può attendere un aiuto. In seguito è stata aggiunta una quinta condizione: l'azione può essere intrapresa *senza gravissimi danni* per chi presta soccorso. Pur considerando la differenza di applicazione del principio nel caso di singole persone e in quello di Stati sovrani, questi criteri possono comunque aiutarci a riflettere sul campo di applicazione dei doveri positivi verso gli sfollati di oggi.

Innanzitutto, il *bisogno*. Non c'è alcun dubbio che oggi molte persone abbiano un grande bisogno di protezione in Siria e nel Sud Sudan. Chi si trova all'interno di questi Paesi devastati dalla crisi affronta situazioni che potrebbero essergli fatali, e fugge a causa di tale vulnerabilità. Il dovere di rispondere ricade in primo luogo su quanti per la loro *prossimità* sono a conoscenza del bisogno e possono comprendere meglio come rispondervi. Il che significa che il governo della nazione in cui si verifica la crisi e le sue comunità locali hanno la responsabilità principale. Nel Sud Sudan e in Siria sia i governi sia le forze di opposizione hanno il dovere negativo di fermare le loro atrocità e il dovere positivo di contribuire ad alleviare il peso delle sofferenze.

Tuttavia, il dovere di intraprendere un'azione positiva non è limitato ai confini nazionali dei Paesi in cui si verifica la crisi. Quando gli abitanti di un Paese limitrofo o anche di un Paese che si trova a grande distanza diventano consapevoli di tale crisi, questo li deve spingere a quella che potremmo chiamare «*prossimità* intellettuale o

---

12. Cfr J. G. Simon - Ch. W. Powers - J. P. Gunnemann, *The Ethical Investor: Universities and Corporate Responsibility*, New Haven, Yale University Press, 1972, 22-25. Per una conoscenza di ciò che si è appreso successivamente sui fatti dell'omicidio, cfr N. Lemann, «A Call for Help: What the Kitty Genovese Story Really Means», in *New Yorker*, 10 marzo 2014, 73 ss.

psicologica», che li pone in una prossimità morale rispetto a coloro che sono nella sofferenza. Nel caso del Sud Sudan, l'organizzazione regionale dei Paesi confinanti con il Sudan, la *Intergovernmental Authority on Development* (Igad), ha svolto un ruolo diplomatico, cercando di mediare nel conflitto di quel Paese.

Purtroppo, interessi particolari economici e politici hanno talvolta deviato gli sforzi di mediazione di vari Paesi dell'Igad, in particolare dell'Uganda e dell'Etiopia. Ciò ha indotto molti Paesi esterni alla regione a mettere in atto un tentativo noto come *Igad Plus*, a cui partecipano l'Unione Africana, l'Onu, la Cina, gli Stati Uniti, il Regno Unito, la Norvegia e l'Unione Europea. La prossimità della consapevolezza ha fatto affiorare un senso di responsabilità morale in questi Paesi più lontani. I tentativi congiunti degli attori regionali e di quelli globali certamente non sono stati perfetti, ma sono stati utili e hanno suggerito nuove modalità con cui si può agire a distanza.

A sua volta, il criterio della *capacità* getta luce anche sui doveri positivi nella risposta alle crisi umanitarie. È ovvio che chi non sa nuotare non è tenuto ad aiutare un bambino che sta annegando, mentre lo deve fare un buon nuotatore. Il Libano, la Turchia e la Giordania oggi ospitano già un gran numero di rifugiati siriani; perciò non sono in grado di fornire asilo a molti altri rifugiati. D'altro canto, le nazioni ricche del Nord Europa e del Nord America e gli Stati produttori di petrolio del Golfo sono in grado di accogliere molti più richiedenti asilo e di condividere gli oneri ormai insostenibili per le nazioni vicine alla Siria. I Paesi che hanno maggiori possibilità economiche e politiche per aiutare hanno responsabilità proporzionalmente maggiori di farlo. Questi doveri si possono adempiere concedendo il diritto di asilo a un numero più grande di rifugiati, fornendo maggiori opportunità di reinsediamento, e in particolare offrendo assistenza economica alla Turchia, al Libano e alla Giordania, che stanno già supportando un peso eccessivo[13].

L'esistenza di questi doveri positivi è stata alla base della nascita del principio morale e politico noto come *Responsibility to Protect*, «re-

---

13. Cfr UNITED NATIONS HIGH COMMISSIONER OF REFUGEES, *Greater support in countries of first asylum needed to stem refugee outflows*, in www.unhcr. org/55ddd2c86.html/, 26 agosto 2015.

sponsabilità di proteggere» (R2P). Quando si parla di «responsabilità di proteggere» nell'odierno dibattito internazionale, si fa riferimento a concetti più precisi di quelli relativi alla responsabilità primaria dello Stato di far rispettare i diritti dell'uomo e di proteggere l'ordine pubblico, l'armonia sociale e la sicurezza delle persone, delle loro famiglie e delle loro proprietà. La «responsabilità di proteggere» viene quindi definita sulla base di tre princìpi fondamentali: *1)* Lo Stato ha la responsabilità di proteggere la propria popolazione da qualsiasi crimine grave, ossia da qualsiasi violazione di diritti considerati parte dello *ius cogens,* ossia valori fondamentali e inderogabili in qualsiasi situazione, come genocidio, crimini di guerra e crimini contro l'umanità. *2)* Nello svolgere questo compito lo Stato deve essere supportato dalla comunità internazionale, che ha la responsabilità di assisterlo durante l'esercizio della protezione. *3)* La comunità internazionale assume la responsabilità di usare ogni mezzo diplomatico, umanitario e pacifico per proteggere le popolazioni nel caso in cui lo Stato dove stanno avvenendo determinati crimini fallisca nel suo obbligo. Ogni azione della comunità internazionale deve, infine, seguire i princìpi del diritto internazionale e della Carta delle Nazioni Unite[14].

La responsabilità di proteggere è stata al centro di accese polemiche quando, nel 2005, è stata approvata dai capi di Stato nell'Assemblea Generale dell'Onu. Occorre considerare infatti che esistono difficoltà tecniche giuridiche con la R2P rispetto alla Carta delle Nazioni Unite. Il secondo e il terzo principio sollevano importanti questioni internazionali, sia per la difficoltà di armonizzare l'eventuale obbligo di proteggere a carico della comunità internazionale con il diritto alla non ingerenza, sancito dall'articolo 2.7 dello Statuto delle Nazioni Unite, sia perché non esiste ancora un testo legale internazionale che autorizzi l'uso della forza collettiva al di là delle tipologie del capitolo VII dello stesso Statuto. Una formalizzazione giuridica del principio esigerebbe per lo meno una riforma dell'articolo 39, per includere tra le tipologie che autorizzano l'intervento del Consiglio di Sicurezza anche i crimini cui fa riferimento il concetto della responsabilità di proteggere. Oc-

---

14. Riguardo all'approvazione di R2P da parte dell'Assemblea delle Nazioni Unite, cfr *2005 Word Summit Outcome Document,* nn. 138-139, in www.globalr2p. org/media/files/wsod_2005.pdf

correrebbe anche una riforma, o almeno un'interpretazione autorevole dell'articolo 2.7 per definire la competenza delle Nazioni Unite nel caso dei crimini cui fa riferimento la responsabilità di proteggere. Invece, l'arrogarsi, da parte di uno Stato, di un certo diritto di intervenire con la forza in altro Stato per una pretesa applicazione del principio della responsabilità di proteggere comporterebbe una negazione di tutta la costruzione del diritto internazionale del secolo XX.

Nonostante le critiche che le sono state rivolte, è importante notare che la R2P ha portato a un'efficace protezione delle popolazioni in diverse situazioni critiche. Per esempio, quando è scoppiato il conflitto in Kenya dopo le controverse elezioni del 2007, l'Onu, l'Unione Africana e un buon numero di altri governi, compresi gli Stati Uniti, hanno preso iniziative per porre fine al conflitto. Ciò ha portato a un accordo per la condivisione del potere e ha interrotto la corsa verso la guerra civile[15]. La R2P si può attuare positivamente con mezzi politici e diplomatici nonviolenti.

Il ricorso alla R2P è stato invocato anche per giustificare l'uso della forza militare per proteggere la popolazione dalle violenze. Per esempio, nel 2012 la Francia e la Comunità economica degli Stati dell'Africa Occidentale hanno adottato un'azione militare, con l'approvazione dell'Onu, per riportare la pace in Mali. E nel 2013 truppe della Francia e dell'Unione Africana sono intervenute per fermare le violenze e lo sterminio di quasi un milione di persone che si stavano verificando nella Repubblica Centrafricana[16]. Sebbene queste situazioni non siano state completamente risolte, tuttavia tali iniziative dimostrano che la dottrina della responsabilità di proteggere può contribuire a ridurre le crisi.

Le situazioni presenti in Libia e in Siria pongono ora degli interrogativi circa l'attuale adeguatezza della R2P. In Libia, l'Onu a suo tempo aveva autorizzato l'uso di «tutte le misure necessarie» per proteggere i civili di fronte al pericolo che il leader Muammar Gheddafi

---

15. Cfr The International Coalition for the Responsibility to Protect, *The Crisis in Kenya, II. International Response to Halt the Spread of Violence*, in www.responsibilitytoprotect.org/index.php/crises/crisis-in-kenya

16. Sull'azione delle Nazioni Unite riguardo alla Repubblica Centrafricana, cfr *UN Security Council Resolution 2127 (2013)*, in www.un.org/en/ga/search/view_doc.asp?symbol=S/RES/2127(2013)&referer=http://www.un.org/en/sc/documents/resolutions/2013.shtml&Lang=E

stesse per commettere efferatezze[17]. La Nato è intervenuta con le forze aeree, Gheddafi è stato ucciso e il suo regime è stato rovesciato. Purtroppo la Libia da allora è precipitata nel caos. Ciò ha indotto alcuni a pensare che il perseguimento di obiettivi umanitari non richiesti dal Paese interessato rischi di fare più male che bene[18]. Ma si può anche pensare che l'intervento in Libia sia fallito non perché fosse eccessivo, ma perché è stato incompleto. La Nato e gli Stati Uniti avrebbero dovuto dar seguito al loro intervento con azioni di ricostruzione e prevenire il caos che poi si è verificato.

Anche la vicenda della Siria è stata citata per dimostrare la fine della R2P. Le radici della complessità politica e dell'ambiguità morale della situazione siriana sono profonde. Ma tale complessità non esime dal dovere di proteggere le persone dalle atrocità, quando questa protezione è possibile.

Il dovere di proteggere il popolo siriano impone di proseguire le iniziative politiche e diplomatiche volte a tal fine. Non soltanto Assad e i ribelli, ma anche i vari attori internazionali stanno tenendo viva la crisi siriana[19]. La comunità mondiale ha pertanto il dovere di impegnarsi a livello diplomatico con quelle potenze, per cercare modi efficaci per proteggere chi è coinvolto in quella terribile crisi.

Inoltre, c'è la responsabilità verso il gran numero di siriani che oggi cercano asilo in Europa e in tutto il mondo sviluppato. Dobbiamo quantomeno mettere in atto l'appello della Convenzione sullo statuto dei rifugiati del 1951 a garantire asilo alle persone che fuggono dalle persecuzioni. I Paesi dell'Europa e del Nord America hanno la capacità e le risorse per concedere asilo a un numero di rifugiati siriani decisamente più alto di quello attuale. Di fatto, i richiedenti asilo siriani in Europa sono pochissimi rispetto a quelli presenti nei Paesi limitrofi alla Siria.

Quando, nell'autunno del 2015, l'allora primo ministro del Regno Unito, David Cameron, annunciò che il suo Paese avrebbe potuto con-

---

17. Cfr *UN Security Council, Resolution 1973 (2011)*, n. 4 e 6, in www.un.org/en/ga/search/view_doc.asp?symbol=S/RES/1973%282011%29

18. Cfr A. J. KUPERMAN, «Obama's Libya Debacle: How a Well-Meaning Intervention Ended in Failure», in *Foreign Affairs* 94 (2015) 66-77.

19. Cfr G. SALE, «Il "martirio" di Aleppo», in *Civ. Catt.* 2017 I 34-45; ID., «La Turchia e le "enclave" curde in Siria», ivi 2018 I 476-490; ID., «La guerra in Siria», in questo stesso quaderno, 63-76.

cedere asilo a 20.000 siriani nei successivi 5 anni, gli fu ricordato che il Libano aveva accolto altrettanti siriani nei soli due ultimi weekend. I Paesi in via di sviluppo oggi ospitano l'84% dei rifugiati di tutto il mondo, e i Paesi più poveri danno asilo al 25% del loro totale[20].

Oggi un'esigenza prioritaria è quella di incrementare in modo sostanziale i fondi che il Nord del mondo stanzia per i Paesi confinanti con la Siria. Per raggiungere questo obiettivo, le nazioni ricche del Nord del mondo devono vincere la loro xenofobia a sfondo razziale o religioso e la falsa paura che i rifugiati potrebbero essere terroristi sotto mentite spoglie.

I recenti lavori di alcuni studiosi hanno dimostrato che l'attività di *advocacy* sugli standard etici può avere un impatto fortemente positivo in alcuni campi della politica internazionale contemporanea[21]. Per esempio, nel secolo scorso le norme del diritto internazionale sulla protezione dei rifugiati e la legislazione sui conflitti armati sono state il risultato di attività di *advocacy* in materia normativa da parte di organizzazioni come il Comitato internazionale della Croce Rossa. Più di recente, alcuni «imprenditori normativi» hanno proposto che i leader politici vengano considerati responsabili delle violazioni delle normative davanti a diversi tribunali internazionali. Ciò suggerisce che gli standard etici potrebbero arrivare ad avere un impatto concreto sul comportamento delle nazioni.

La comunità cristiana ha il compito di far progredire questi sforzi. Papa Francesco ha ripetutamente richiamato la comunità cattolica e tutte le persone di buona volontà a unirsi in questa direzione. C'è la speranza che con la pressione normativa da parte di un gran numero di organismi non governativi, comprese le comunità religiose, in futuro si potranno compiere progressi nel vivere pienamente quelle responsabilità di cui oggi, come abbiamo qui indicato, ci facciamo carico in modo incompleto. Il compito è urgente, e altrettanto urgente dovrebbe essere la risposta.

---

20. UNITED NATIONS HIGH COMMISSIONER OF REFUGEES, *Global Trends: Forced Displacement in 2016*, 2, in www.unhcr.org/en-us/statistics/unhcrstats/5943e8a34/global-trends-forced-displacement-2016.html?query=Global%20Trends

21. Cfr M. FINNEMORE - K. SIKKINK, «International Norm Dynamics and Political Change», in *International Organization* 52 (1998) 887-917.

GLOBAL COMPACT

IL «GLOBAL COMPACT» SULLE MIGRAZIONI

Michael Czerny S.I.

Poco dopo la Seconda guerra mondiale, nel 1951, la Convenzione delle Nazioni Unite sui rifugiati – un trattato multilaterale giuridicamente vincolante – definì chi è un rifugiato, quali diritti hanno coloro che si trovano in questa situazione, e stabilì gli obblighi delle nazioni nei loro confronti[1]. Tuttavia, nel più ampio contesto della migrazione[2], a parte una Convenzione sui lavoratori migranti[3], finora riguardo ai migranti in generale non c'è stato alcun accordo internazionale paragonabile a quella Convenzione del 1951.

Sempre nel 1951 è stata istituita l'Organizzazione internazionale per le migrazioni (Oim), organizzazione intergovernativa che opera con partner governativi, intergovernativi e non governativi, ai quali fornisce un'ampia varietà di servizi. Dal settembre 2016 l'Oim è diventata agenzia collegata alle Nazioni Unite[4].

Al 1952 risale la Costituzione apostolica *Exsul Familia* di Pio XII, che è la *magna charta* dell'impegno della Chiesa in materia di migrazione. Essa attribuisce al vescovo diocesano la responsabilità principale per la pastorale dei migranti. L'anno precedente il Papa aveva dato vita alla Commissione internazionale cattolica per le mi-

---

1. Il Protocollo del 1967 ha rimosso i limiti geografici e temporali previsti nella Convenzione del 1951.
2. La stima globale della popolazione dei migranti è di 244 milioni (il 3,3% della popolazione mondiale). Circa un individuo ogni sette sul pianeta risiede in un Paese diverso da quello in cui è nato. Alcuni di questi sono migranti vulnerabili, altri sono richiedenti asilo, e altri ancora sono riconosciuti come rifugiati «secondo la Convenzione» (più di 22 milioni nel 2018). Ci sono anche più di 40 milioni di sfollati interni.
3. La Convenzione internazionale del 1990 sulla protezione dei diritti di tutti i lavoratori migranti e dei membri delle loro famiglie.
4. Cfr https://www.iom.int/global-compact-migration

 © La Civiltà Cattolica 2018 IV 549-563 | 4044 (15 dic 2018/5 gen 2019)

grazioni (Cicm), una rete mondiale di Conferenze episcopali, Congregazioni religiose e ong cattoliche.

Perché oggi l'attenzione per la questione delle migrazioni è aumentata ulteriormente rispetto ad allora? Nel 2015-16 il grande flusso misto di migranti e rifugiati verso l'Europa ha segnato una vera e propria crisi e un punto di svolta. Ed è grazie a questa accresciuta attenzione che il 13 luglio 2018 è stato redatto il testo concordato del *Global Compact for Safe, Orderly and Regular Migration* (Gcm), il Patto globale per una migrazione sicura, ordinata e regolare[5].

In questo articolo descriviamo lo svolgimento dei lavori preparatori per il Gcm, durato due anni, mettendo in evidenza il coinvolgimento della Santa Sede; poi consideriamo le caratteristiche principali del testo. Infine, avanzando una valutazione positiva di quanto è stato realizzato, formuliamo l'auspicio che il Gcm venga adottato e attuato[6].

Una Dichiarazione per i migranti e rifugiati

La migrazione è sempre stata un importante fenomeno umano. Tre recenti tentativi internazionali per affrontarla – tutti avviati nel 2006 – sono il *Global Migration Group*, il Forum globale su migrazione e sviluppo e il Dialogo di alto livello su migrazioni e sviluppo promosso dall'Onu. Queste iniziative sono state utili ai governi e alle altre parti interessate per dialogare sulle politiche della migrazione e per condividere le informazioni e le migliori prassi (*best practices*). Sempre nel 2006, Ban Ki-moon ha nominato il dirigente d'azienda e diplomatico irlandese Peter Sutherland rappresentante speciale del Segretario generale delle Nazioni Unite (Srsg) per le migrazioni.

Fondandosi sul diligente lavoro preparatorio di Sutherland e con la crisi a fare da catalizzatore, l'Assemblea generale delle Nazioni Unite ha dedicato la giornata del 19 settembre 2016 a un vertice sui rifugiati e i migranti. Il Segretario di Stato vaticano, card. Pietro Parolin, ha letto il messaggio del Santo Padre al Summit: un invito

---

5.   Cfr https://refugeesmigrants.un.org/sites/default/files/180713_agreed_outcome_global_compact_for_migration.pdf

6.   L'autore è riconoscente a Robert Czerny (Ottawa) e Timothy Herrmann (New York), che hanno collaborato alle ricerche, alla stesura e alle modifiche di questo articolo.

«ai governanti e ai legislatori e all'intera Comunità Internazionale a considerare la realtà delle persone forzatamente sradicate con iniziative efficaci e nuovi approcci per tutelare la loro dignità, migliorare la loro qualità di vita e far fronte alle sfide che emergono da forme moderne di persecuzione, di oppressione e di schiavitù»[7].

Affinché la migrazione sia una libera scelta e non l'esito di una coercizione, il card. Parolin ha sottolineato che tutti hanno il «diritto di vivere in pace e in sicurezza nella propria patria e nel proprio Paese di origine»[8]. La Santa Sede ha anche insistito a favore dell'accesso ai servizi sanitari basilari e della collaborazione con le organizzazioni confessionali.

Il 19 settembre 2016 la missione della Santa Sede ha promosso un evento collaterale, il cui titolo «Responsabilità e soluzioni condivise» suggeriva la soluzione necessaria. In quella sede il card. Parolin ha evidenziato il ruolo decisivo svolto dalle organizzazioni religiose e dalle comunità cristiane, le quali spesso sono le prime a rispondere con competenza e generosità alle emergenze umanitarie riguardanti i migranti[9].

Il Summit ha approvato all'unanimità la Dichiarazione di New York su rifugiati e migranti (NYD). Gli Stati membri hanno assunto, tra gli altri, questi impegni: «Riaffermiamo e ci impegniamo a proteggere pienamente i diritti umani di tutti i rifugiati e migranti, indipendentemente dalla loro condizione; tutti sono titolari di diritti» (NYD 1.5); «Riconosciamo una responsabilità condivisa nel gestire i grandi flussi di rifugiati e migranti in modo umano, sensibile, compassionevole e rispettoso della centralità della persona» (NYD 1.11).

Cosa ancora più importante, la NYD ha avviato processi per la realizzazione di due nuovi Patti globali: uno sui rifugiati, e l'altro per una migrazione sicura, ordinata e regolare. Questi due processi

---

7.   P. PAROLIN, *Intervento al Summit delle Nazioni Unite sui migranti*, New York, 19 settembre 2016, in www.vatican.va

8.   Ivi.

9.   Cfr «Cardinal Parolin: Responsability and Solution Sharing. The Role of Religious Organizations in Responding to Large Movements of Refugees and Migrants» (https://holyseemission.org/contents//events/57e0146014175.php/), 19 settembre 2016.

– attivi contemporaneamente e che dovrebbero concludersi prima della fine del 2018 – sono stati indicati come «separati, distinti e indipendenti», sebbene strettamente correlati. Quello sulla migrazione dovrebbe «stabilire una serie di princìpi, impegni e intese tra gli Stati membri riguardo alle migrazioni internazionali in tutte le loro dimensioni» (NYD, allegato II, 1.2).

Il periodo successivo al Summit newyorchese è stato purtroppo segnato dalla grave malattia di Peter Sutherland (morto nel gennaio 2018). Nel marzo 2017 la canadese Louise Arbour gli è subentrata nell'importante ruolo di rappresentante speciale del Segretario generale dell'Onu per la migrazione internazionale.

I co-facilitatori del processo sono stati due rappresentanti permanenti presso le Nazioni Unite a New York: Juan José Gómez Camacho, del Messico, e Jürg Lauber, della Svizzera, che insieme hanno gestito il processo biennale, conducendolo a un esito positivo.

Prepararsi a partecipare

Il 1° gennaio 2017, all'interno del Vaticano, ha iniziato a operare la nuova Sezione migranti e rifugiati (M&R). Essa fa parte del Dicastero per il servizio dello sviluppo umano integrale, di cui è stato nominato prefetto il card. Peter Turkson. Papa Francesco le ha affidato lo specifico mandato di affrontare le problematiche riguardanti richiedenti asilo, rifugiati, migranti vulnerabili e vittime della tratta di esseri umani. E per il momento ha posto questa Sezione sotto la propria direzione.

Valendosi dell'esperienza mondiale della Chiesa, M&R ha consultato diverse Conferenze episcopali e ong cattoliche per individuare le reali esigenze dei migranti vulnerabili e le *best practices* della Chiesa. Papa Francesco ha indicato gli elementi necessari nella risposta ai problemi dei migranti: «Accogliere, proteggere, promuovere e integrare»[10]; e M&R ha preparato *Venti Punti di Azione per i Patti Globali*, di tenore pastorale, strutturandoli in base a questi quattro verbi. Approvati dal Santo Padre, i *Venti Punti* forniscono un

---

10. FRANCESCO, *Discorso ai partecipanti al Forum internazionale «Migrazioni e pace»*, 21 febbraio 2017.

concreto strumento di orientamenti e priorità pastorali a disposizione delle Chiesi locali e di tutte le altre parti interessate.

Il linguaggio in cui sono stati espressi rispecchia inoltre il vocabolario amministrativo ufficiale, in modo che dirigenti cattolici e non possano utilizzarli nel dialogo e nella sensibilizzazione nei confronti dei governi. Ai *Venti Punti* si è fatto frequente riferimento nelle discussioni anche prima che la Santa Sede li presentasse formalmente alle Nazioni Unite, nell'ottobre del 2017, come il proprio contributo alle consultazioni e ai negoziati intergovernativi in corso[11].

Il lavoro dei rappresentanti degli Stati membri sul Gcm si è sviluppato in tre fasi: un anno di sessioni informali; due mesi di raccolta di pareri; e sei mesi di negoziati. A parlare e negoziare per conto della Santa Sede è stato l'arcivescovo Bernardito Auza, Osservatore permanente presso le Nazioni Unite a New York; M&R ha svolto un ruolo di supporto.

Un anno di sessioni informali

Tra i primi di maggio e la metà di ottobre del 2017 si sono tenute sei sessioni o consultazioni tematiche informali: tre a New York, due a Ginevra e una a Vienna. Elenchiamo qui di seguito gli argomenti trattati, per illustrare le tante, varie e interconnesse sfaccettature dell'attuale fenomeno della migrazione.

1. I diritti umani di tutti i migranti, l'inclusione e la coesione sociale, e tutte le forme di discriminazione, compresi il razzismo, la xenofobia e l'intolleranza.

2. Le cause che inducono la migrazione, tra le quali le conseguenze negative dei cambiamenti climatici, i disastri naturali e quelli provocati dall'uomo; inoltre, la protezione e l'assistenza, lo sviluppo sostenibile, l'eliminazione della povertà, la prevenzione e risoluzione dei conflitti.

Durante la seconda sessione, mons. Ivan Jurkovič, Osservatore permanente della Santa Sede presso le Nazioni Unite a Ginevra, ha ribadito «i diritti di tutti a vivere in dignità, pace e sicurezza nei loro

11. Cfr B. Auza, «Letter from the Permanent Observer of the Holy See to the United Nations» (http://www.undocs.org/a/72/528/), 6 ottobre 2017.

Paesi di origine» e ha sottolineato, come già ripetutamente aveva fatto il Vaticano, i legami tra il diritto a migrare e il diritto «prioritario» a rimanere, sostenendo che la responsabilità della migrazione irregolare comincia a casa propria, ma non termina lì[12]. Tutti gli Stati – non solo il Paese di origine – hanno la responsabilità di garantire il diritto di rimanere e, se non ci riescono, devono riconoscere il diritto delle persone a lasciare i loro luoghi di origine e sostenere la loro ricerca di sicurezza e di una vita dignitosa.

3. La cooperazione internazionale e la *governance* della migrazione in tutte le sue dimensioni, anche alle frontiere, nel transito, nell'ingresso, nel ritorno, nella riammissione, nell'integrazione e nella reintegrazione.

4. I contributi dei migranti e della diaspora a tutte le dimensioni dello sviluppo sostenibile, comprese le rimesse e la portabilità dei benefici acquisiti.

5. Il traffico di migranti, la tratta di persone e le forme contemporanee di schiavitù, e le necessarie identificazione, protezione e assistenza dei migranti e delle vittime della tratta.

6. Le migrazioni irregolari e i percorsi regolari, che implicano la dignità e la mobilità del lavoro, il riconoscimento delle competenze e delle qualifiche e le altre misure pertinenti.

Ogni sessione è stata introdotta da relatori altamente qualificati. I rappresentanti statali sono stati sollecitati a prendere la parola liberamente, sebbene gli interventi di solito avessero la forma di relazioni preparate. È stata data possibilità di parlare anche alle organizzazioni intergovernative e non governative. Si sono svolte pure consultazioni regionali[13] e delle parti interessate[14].

Nel settembre del 2017, in una riunione dell'Assemblea generale sul traffico di esseri umani, l'arcivescovo Paul Gallagher, Segretario per i rapporti con gli Stati, ha espresso la convinzione che i processi del Patto globale sotto l'egida delle Nazioni Unite abbiano offerto

---

12. «Ogni individuo ha diritto alla libertà di movimento e di residenza entro i confini di ogni Stato. Ogni individuo ha il diritto di lasciare qualsiasi Paese, incluso il proprio, e di ritornare nel proprio Paese» (*Dichiarazione universale dei diritti umani*, n. 13).
13. Cfr https://refugeesmigrants.un.org/regional-consultations
14. Cfr https://refugeesmigrants.un.org/stakeholder-consultations

«un'occasione unica per rispondere insieme alle sfide attraverso la cooperazione internazionale e la responsabilità condivisa. Per ottenere lo scopo desiderato, è indispensabile il contributo delle comunità politiche, della società civile e di tutte le parti interessate, ognuna secondo le proprie responsabilità»[15].

Due mesi di raccolta di pareri

Ai primi di dicembre del 2017, quando hanno avuto inizio i due mesi di raccolta di pareri, gli Stati Uniti si sono ritirati dal processo del Gcm, sostenendo che numerose disposizioni della Dichiarazione di New York erano «incompatibili con la [loro] politica sull'immigrazione»[16].

La fase di raccolta di pareri ha incluso un Convegno internazionale di tre giorni in Messico. Il suo scopo era rivedere e consolidare i risultati dei dibattiti avvenuti durante l'anno e in quello precedente e coordinarli con i negoziati dell'anno successivo.

I delegati hanno riconosciuto di aver raggiunto una comprensione più approfondita e olistica delle migrazioni internazionali e della loro gestione. Nel giorno di Capodanno 2018 papa Francesco ha espresso il suo sostegno e le sue speranze: «In quanto accordi condivisi a livello globale, questi patti rappresenteranno un quadro di riferimento per proposte politiche e misure pratiche. Per questo è importante che siano ispirati da compassione, lungimiranza e coraggio»[17].

Sei mesi di negoziati

Sono seguite, tra febbraio e luglio, sei tornate di negoziati intergovernativi, ciascuna della durata da tre a cinque giorni. La Santa

---

15. P. R. GALLAGHER, *Intervento alla 72ª sessione dell'Assemblea Generale delle Nazioni Unite*, 27 settembre 2017.

16. Cfr https://usun.state.gov/remarks/8197

17. FRANCESCO, *Migranti e rifugiati: uomini e donne in cerca di pace. Messaggio per la celebrazione della LI Giornata mondiale della pace 2018*, 1 gennaio 2018; cfr anche ID., *Discorso ai membri del Corpo Diplomatico accreditato presso la Santa Sede per la presentazione degli auguri per il nuovo anno*, 8 gennaio 2018.

Sede non soltanto ha partecipato attivamente alle sessioni formali e alle discussioni informali, ma ha anche promosso numerosi importanti eventi collaterali, come: «Porre fine alla detenzione dei bambini migranti e dei rifugiati»[18]; «Condividere il percorso dei migranti e dei rifugiati: una prospettiva interfede sui Patti globali»[19]; «La tutela e l'integrazione dei migranti in situazione di vulnerabilità: il caso delle organizzazioni confessionali»[20]. Ognuno di questi temi è stato ripreso nell'accordo finale.

Nel corso dell'intero processo, la delegazione della Santa Sede ha sostenuto un corretto svolgimento della negoziazione. Purtroppo, la pressione di alcune agenzie delle Nazioni Unite ha fatto sì che nella bozza fossero inserite la promozione del documento quadro delle «Priorità e princìpi guida» dell'Organizzazione mondiale della sanità e altre linee guida che raccomandano pratiche controverse come l'aborto per soddisfare i cosiddetti «bisogni di salute riproduttiva» all'insorgere di un'emergenza umanitaria. Benché, a differenza delle altre azioni e *best practices* esplicitamente menzionate nel testo, il documento quadro dell'Organizzazione mondiale della sanità (Oms) e altri orientamenti simili siano stati inclusi senza menzionarne il contenuto, si rimarca che i relativi documenti non sono mai stati negoziati, né hanno ricevuto una approvazione formale da parte degli Stati.

Natura dell'accordo

La Dichiarazione di New York ha descritto l'accordo da raggiungere, piuttosto che definirlo: «Il patto globale dovrà stabilire una serie di princìpi, impegni e intese tra gli Stati membri per quanto riguarda le migrazioni internazionali in tutte le loro dimensioni [...]. Dovrà presentare un quadro complessivo della cooperazione internazionale globale sui migranti e sulla mobilità umana»[21].

18. http://webtv.un.org/search/ending-the-detention-of-migrant-and-refugee-children-best-interest-determination-and-alternatives-to-detention/5738112086001/?term=holy%20see&sort=data

19. https://holyseemission.org/contents/statements/5aeb8142ad52d.php

20. https://refugeesmigrants.un.org/sites/default/files/sideevent_thecaseoffaithbasedorgs_june4-2018.pdf

21. *Dichiarazione di New York sui rifugiati e migranti*, allegato II, 1.2.

Gli Stati hanno il diritto sovrano di «determinare la loro politica nazionale sulla migrazione e la loro prerogativa nel governare la migrazione all'interno della loro giurisdizione». Ogni Stato può decidere quali elementi del Gcm applicare e come codificarli, eventualmente, nella propria legislazione.

Più che una convenzione o un trattato, il Gcm è un accordo politico. Si tratta di un quadro cooperativo non giuridicamente vincolante, che fissa alcune norme basate sulle politiche e sulle prassi attuali dei suoi sottoscrittori. Di conseguenza, in ogni fase dei negoziati la bozza è stata accuratamente esaminata, per evitare qualsiasi espressione che potesse indurre uno Stato membro a sentirsi costretto a modificare la propria politica secondo orientamenti inaccettabili[22].

Il Gcm può essere utilizzato come uno strumento per aiutare gli Stati a gestire più efficacemente la migrazione attraverso la cooperazione internazionale. Espone le *best practices* che gli Stati già adottano al loro interno, a livello bilaterale e anche a livello regionale, come richiedono le circostanze politiche della singola nazione. Per la prima volta le politiche e le *best practices* degli Stati e di vari gruppi regionali sono state riassunte in un unico documento, che costituirà un punto di riferimento per l'intera comunità internazionale.

Copertura totale o complementarità

I due Patti globali dovrebbero essere complementari e formare insieme un quadro unitario e coerente «senza lasciare indietro nessuno», per citare l'ideale degli Obiettivi di sviluppo sostenibile da raggiungere entro il 2030. A ciò si dovrebbe pervenire senza creare nuove categorie di rifugiati e senza intaccare le categorie già esistenti.

Quanto meno si dovrebbe applicare il principio di non respingimento (*non-refoulement*). Ciò significa che, anche se gli individui non vengono riconosciuti come rifugiati, tuttavia non devono essere rimpatriati, qualora nel loro Paese sia in pericolo il loro

---

22. Nel marzo del 2017 l'Ungheria ha rotto con l'Ue per negoziare da sola, e il 13 luglio 2018, dopo la conclusione della bozza, ha annunciato il suo ritiro dal Patto.

diritto alla vita o la loro incolumità. Tutti gli individui, indipendentemente dal loro *status* migratorio, hanno i loro diritti umani, che vanno rispettati. Nel corso dei negoziati l'arcivescovo Auza ha insistito affinché il non respingimento venisse riconosciuto nel Gcm, affermando che nessuno dovrebbe «restare vittima del sistema»[23].

Regolari e irregolari

I negoziati hanno affrontato la sfida di formulare un Gcm che rendesse la migrazione più sicura, ordinata e regolare, senza tuttavia incoraggiare involontariamente la migrazione irregolare. Per questo alcuni Stati membri volevano limitare il Gcm ai soli immigrati regolari. Motivavano questa loro posizione sostenendo che molti degli impegni che si sarebbero dovuti assumere, come l'accesso ai servizi, avrebbero attratto gli immigrati irregolari.

Ogni Stato deve assicurare un insieme base o minimo di servizi a tutti i migranti, indipendentemente dal loro *status*. Nei termini del diritto internazionale, vanno garantiti l'accesso alla salute, all'istruzione e a un alloggio adeguato. Questo è un obbligo che risponde ai diritti umani. Lo Stato ha il diritto sovrano di determinare il livello del servizio, ma non può scegliere quali servizi offrire, anche se essi non dovranno essere necessariamente gratuiti.

La Santa Sede e altre delegazioni si sono impegnate affinché il Gcm riguardasse sia la migrazione regolare sia quella irregolare: il superamento irregolare delle frontiere dovrebbe essere trattato come un illecito amministrativo; la detenzione e il rimpatrio coatto andrebbero utilizzati solo come estrema risorsa; e l'unità della famiglia deve restare uno dei criteri principali nella valutazione individuale di ogni migrante. Infine, la Chiesa ha suggerito che si aprissero percorsi più regolari, vari e flessibili, per ridurre quelle pressioni che generano una migrazione irregolare, pericolosa e molto costosa.

23. https://holyseemission.org/contents//statements/5a8c565bcba50.php

Il testo concordato

Dopo un preambolo, che descrive il Gcm come «una pietra miliare nella storia del dialogo globale e della cooperazione internazionale in materia di migrazione»[24], il documento enuncia 10 princìpi interdipendenti, che compongono l'accordo: la priorità della persona, la cooperazione internazionale, la sovranità nazionale, lo Stato di diritto e il giusto processo, lo sviluppo sostenibile, i diritti umani, la specificità di genere, l'attenzione al bambino, l'approccio olistico governativo e l'approccio olistico sociale (cfr Gcm 15). Buona parte del documento è dedicata a un «quadro di cooperazione», costituito da 23 obiettivi, a ciascuno dei quali vengono associati un impegno e una serie di opzioni politiche e *best practices*, che elenchiamo di seguito.

1. Raccogliere e utilizzare dati precisi e disaggregati come base per politiche fondate sulle evidenze.

2. Ridurre al minimo le cause avverse e i fattori strutturali che costringono le persone a lasciare il loro Paese di origine[25].

3. Fornire informazioni accurate e tempestive in tutte le fasi della migrazione.

4. Assicurarsi che tutti i migranti abbiano una prova della loro identità e una documentazione adeguata.

5. Migliorare la disponibilità e la flessibilità dei percorsi di immigrazione regolare.

6. Facilitare condizioni eque ed etiche per l'assunzione e la protezione, per garantire un lavoro dignitoso.

7. Affrontare e ridurre le vulnerabilità della migrazione.

8. Salvare vite e organizzare sforzi internazionali coordinati riguardo ai migranti dispersi.

9. Rafforzare la risposta transnazionale al traffico di migranti.

10. Prevenire, combattere e sradicare il traffico di persone nel contesto delle migrazioni internazionali.

---

24. Cfr https://www.un.org/pga/72/wp-content/uploads/sites/51/2018/07/180713_Agreed-Outcome_Global-Compact-for-Migration.pdf

25. Oltre che sulle condizioni economiche e sociali per lo sviluppo equo e sostenibile, le azioni di dettaglio si concentrano sulle calamità naturali, sui cambiamenti climatici e sul degrado ambientale. Le azioni indicate nei punti da «h» a «l» dell'Obiettivo 2 (dettagliato al n. 18) ricadono nel sottotitolo «I disastri naturali, gli effetti negativi dei cambiamenti climatici e il degrado ambientale».

11. Gestire le frontiere in maniera integrata, sicura e coordinata.

12. Rafforzare la certezza e la prevedibilità delle procedure di migrazione, per un'identificazione, una valutazione e un'assegnazione appropriate.

13. Utilizzare la detenzione dei migranti solo come misura estrema e operare per approntare misure alternative.

14. Migliorare la protezione consolare, l'assistenza e la cooperazione nell'intero ciclo della migrazione.

15. Fornire l'accesso ai servizi di base per i migranti.

16. Mettere i migranti e la società in grado di realizzare una piena inclusione e coesione sociale.

17. Eliminare tutte le forme di discriminazione e promuovere un dibattito pubblico basato sulle evidenze per delineare la percezione della migrazione.

18. Investire nello sviluppo delle capacità e agevolare il riconoscimento reciproco di abilità, qualifiche e competenze.

19. Mettere i migranti e le comunità della diaspora nella condizione di contribuire pienamente allo sviluppo sostenibile in tutti i Paesi.

20. Promuovere un trasferimento delle rimesse più sicuro, veloce ed economico, e favorire l'inclusione finanziaria dei migranti.

21. Cooperare nell'agevolare un ritorno e una riammissione sicuri e dignitosi, come pure un reinserimento sostenibile.

22. Stabilire meccanismi per la trasferibilità dei diritti di sicurezza sociale e dei benefici acquisiti.

23. Rafforzare la cooperazione internazionale e le *partnership* globali per una migrazione sicura, ordinata e regolare.

C'è una chiara somiglianza tra i *Venti Punti di Azione* e i 23 Obiettivi del Gcm. Almeno 15 dei 20 punti possono rispecchiarsi nel Patto globale. Inoltre, comune a entrambi i documenti è lo stile metodologico: la breve affermazione di un obiettivo principale o valoriale, seguita da varie *best practices* e modalità attuative.

Qualche risultato

Il lungo e paziente processo che ha portato al Gcm ha educato a fondo chi vi ha partecipato e ne ha trasformato il modo di considerare la realtà della migrazione internazionale. Gli aspetti cruciali della sua gestione adesso sono stati «illustrati». Quando i negozia-ti si sono conclusi, il 13 luglio a New York, l'arcivescovo Auza ha dichiarato: «Questo Patto globale renderà più difficile a chiunque – Stati, società civile o ognuno di noi – ignorare le sfide che affron-tano i migranti e sottrarsi alle nostre responsabilità condivise nei loro confronti, in particolare verso chi ha più bisogno della nostra solidarietà».

Una convinzione che soggiace sia al processo sia al patto mul-tilaterale è che nessuno Stato può affrontare le migrazioni da solo. Inoltre, si riconoscono le varie e interconnesse responsabilità dei Pa-esi di origine, di transito e di destinazione, e si aggiunge la nuova categoria del «ritorno», su cui la Santa Sede ha attirato l'attenzione.

Il Gcm incoraggia una migliore e più forte protezione dei migran-ti, indipendentemente dal loro *status* migratorio, e tutela i diritti umani di tutti i migranti, in particolare dei bambini e delle persone più vul-nerabili. Si afferma il principio di «non respingimento», anche se il ter-mine non compare espressamente nel testo (cfr Gcm 37). Si sottolinea l'importanza del ricongiungimento familiare. I bambini non dovreb-bero mai essere detenuti, e questa pratica andrebbe del tutto eliminata, perché le alternative ci sono e devono essere adottate.

Proponendo diverse azioni concrete, il Gcm si prefigge di pro-muovere la cooperazione in materia di migrazione del lavoro, la mobilità delle competenze e i percorsi legali. Un'attenzione partico-lare viene rivolta al rapporto tra i cambiamenti climatici e la migra-zione internazionale, individuando tra i fattori della migrazione sia le calamità improvvise sia gli stessi cambiamenti climatici.

Infine, per sostenere e attuare la nuova agenda globale sulla mi-grazione, il Gcm istituzionalizza un adeguato quadro di riferimen-to, che comprende un Consiglio preposto, revisioni periodiche e meccanismi di sviluppo delle risorse umane.

Una valutazione

Il Gcm fa quello che si proponeva la NYD: «stabilire una serie di princìpi, impegni e intese tra gli Stati membri riguardo le migra-zioni internazionali in tutte le loro dimensioni» (NYD, allegato II, 1.2), e il suo risultato è positivo.

Papa Francesco fa osservare che «nella questione della migrazione non sono in gioco solo *numeri*, bensì *persone*, con la loro storia, la loro cultura, i loro sentimenti e le loro aspirazioni»[26], con i loro nomi propri e con le loro famiglie. Esse hanno bisogno di risposte e di interventi – e di programmi – che siano adeguati, concreti, locali e umani.

Quindi, è importante sottolineare, come ha fatto il Pontefice all'inizio del 2018, che sia l'integrazione sia il reinserimento sono «"un processo bidirezionale", con diritti e doveri reciproci. Chi accoglie è infatti chiamato a promuovere lo sviluppo umano integrale, mentre a chi è accolto si chiede l'indispensabile conformazione alle norme del Paese che lo ospita»[27].

Il processo del Gcm e la qualità dei suoi esiti dimostrano che per la comunità internazionale il dialogo e il coordinamento sono una necessità e un dovere specifici. E il dialogo prelude a un coinvolgimento più profondo: «Una politica giusta è quella che si pone al servizio della persona, di *tutte* le persone interessate; che prevede soluzioni adatte a garantire la sicurezza, il rispetto dei diritti e della dignità di tutti; che sa guardare al bene del proprio Paese tenendo conto di quello degli altri Paesi, in un mondo sempre più interconnesso»[28].

Per tutta la durata del processo la Santa Sede ha svolto un ruolo molto positivo. Sia la struttura sia le disposizioni del testo del Gcm sono generalmente in sintonia con la prospettiva e con le proposte dei *Venti Punti di Azione*. Fin dall'inizio, la Chiesa ha voluto chiaramente ricordare che «la responsabilità della gestione globale e condivisa della migrazione internazionale [deve trovare] il suo punto di forza nei valori della giustizia, della solidarietà e della compassione. A tal fine, occorre un cambiamento di mentalità: passare dal considerare l'altro come una minaccia alla nostra comodità allo stimarlo

---

26. FRANCESCO, *Messaggio in occasione del «II Colloquio Santa Sede - Messico sulla migrazione internazionale»*, 14 giugno 2018; cfr ID., *Discorso in occasione degli auguri del corpo diplomatico accreditato presso la Santa Sede*, 9 gennaio 2017.
27. ID., *Discorso ai membri del Corpo Diplomatico...*, cit.
28. ID., *Omelia nella santa Messa per i migranti*, Basilica di San Pietro, 6 luglio 2018.

come qualcuno che con la sua esperienza di vita e i suoi valori può apportare molto e contribuire alla ricchezza della nostra società»[29].

L'adozione e l'attuazione

Il Patto globale è stato adottato ufficialmente da 164 Paesi in una Conferenza intergovernativa sulla migrazione internazionale, che si è tenuta a Marrakech nei giorni 10-11 dicembre 2018.

Il Gcm esprime un consenso reciproco, negoziato. Mostra la precisa volontà dei governi di collaborare per risolvere i bisogni più urgenti dei migranti in ogni fase, dalla partenza al transito e all'arrivo, all'inserimento e all'eventuale ritorno.

Il Gcm non si oppone alla migrazione, né la incoraggia; piuttosto, nella misura in cui verrà messo in atto, ridurrà la migrazione irregolare e ne affronterà le conseguenze negative, potenzierà la sicurezza delle frontiere e proteggerà i diritti dei migranti. Pertanto, la sua valenza dipende dal fatto che gli Stati siano disposti a usarlo come quadro di riferimento comune per la futura cooperazione internazionale in materia di migrazione condividendone le responsabilità e gli oneri, rafforzando la volontà politica e alzando la voce contro la disinformazione.

La Chiesa e le organizzazioni della società civile saranno un partner attivo in questi sforzi: «Il lavoro non è concluso. Insieme dobbiamo incoraggiare gli Stati a concordare risposte più adeguate ed efficaci alle sfide poste dai fenomeni migratori; e possiamo farlo sulla base dei princìpi fondamentali della dottrina sociale della Chiesa. Dobbiamo altresì impegnarci per assicurare che alle parole – codificate nei due Patti citati – seguano impegni concreti nel segno di una responsabilità globale e condivisa»[30].

---

29. ID., *Messaggio in occasione del «II Colloquio Santa Sede - Messico sulla migrazione internazionale»*, cit.

30. ID., *Discorso ai membri dell'«International Catholic Migration Commission»*, 8 marzo 2018.

LA SANTA SEDE
E IL «GLOBAL COMPACT» SUI RIFUGIATI

Michael S. Gallagher S.I.

La Santa Sede ha avuto un ruolo molto importante nel processo che ha condotto al *Global Compact* sui rifugiati, come del resto anche nei negoziati che hanno portato all'altro «Patto globale», il *Global Compact* per una migrazione sicura, ordinata e regolare[1]. A conferma di questo impegno sta il documento *Verso i Patti globali sui migranti e sui rifugiati 2018*, pubblicato nell'autunno 2017, contenente 20 punti di intervento che si riteneva opportuno includere nei Patti[2].

Ma non c'è da stupirsi. L'attenzione della Santa Sede per i migranti, i rifugiati e le loro esigenze non è né recente né superficiale. La Chiesa cattolica aveva creato un Osservatorio mondiale annuale su questo tema già un secolo fa: il 14 gennaio 2018 si è celebrata infatti la «104ª Giornata Mondiale del Migrante e del Rifugiato». La Santa Sede è stata uno dei 26 Stati che hanno partecipato alla Conferenza di plenipotenziari sulla condizione dei rifugiati e degli apolidi, che si è tenuta a Ginevra nel luglio 1951 e che ha redatto la Convenzione sullo *status* dei rifugiati[3]. Quarant'anni dopo, attraverso il Pontificio Consiglio della pastorale per i migranti e gli itineranti e il Pontificio Consiglio «Cor Unum», ha diffuso un documento importante sui rifugiati, *I rifugiati: una sfida alla solidarietà*

---

1. Cfr M. Czerny, «Il "Global Compact" sulle migrazioni», in *Civ. Catt.* 2018 IV 549-563.
2. Cfr Sezione Migranti e Rifugiati, *Verso i Patti globali sui migranti e sui rifugiati 2018*, reperibile al link: migrants-refugees.va/wp-content/uploads/2018/03/Legal-IT-Towards-the-Global-Compacts-2018-EMAIL.pdf
3. La Santa Sede ha successivamente sottoscritto il trattato il 21 maggio 1952 e lo ha ratificato il 15 marzo 1956. Cfr *United Nations Treaty Series* (UNTS) 189, 137, reperibile al link: treaties.un.org/pages/ViewDetailsII.aspx?src=TREATY&mtdsg_no=V-2&chapter=5&Temp=mtdsg2&clang=_en

(1992), in cui si suggeriva l'estensione della definizione di rifugiato oltre l'ambito delle persecuzioni, per includere coloro che fuggono dal conflitto armato, dal degrado ambientale o da politiche economiche disastrose[4].

Con papa Francesco, la Santa Sede continua a richiamare l'attenzione sui bisogni dei rifugiati. In effetti, uno dei tratti distintivi del pontificato di Francesco è proprio la sua preoccupazione per i rifugiati e gli immigrati. All'interno del Dicastero per il servizio dello sviluppo umano integrale, di recente istituzione, è stata creata una Sezione speciale Migranti e Rifugiati, che per il momento è alle dirette dipendenze del Pontefice.

Questo articolo si soffermerà sul Patto globale sui rifugiati, per analizzarne il contesto e il contenuto e per proporre una valutazione del suo impatto.

Il contesto del Patto sui rifugiati

Il 2 settembre 2015 la fotografia del corpo esanime di Alan Kurdi, un bambino di tre anni, su una spiaggia turca, ha spezzato il cuore al mondo. Questo bambino faceva parte dell'enorme quantità di persone che quell'estate entrarono in Europa, o tentarono di entrarvi. La Federazione internazionale della Società della Croce rossa e della Mezzaluna rossa (Ifrc) ha calcolato che, per la fine di quell'anno, quasi 800.000 persone erano entrate in Grecia, su un totale di circa un milione arrivate in Europa tra l'estate e l'autunno del 2015[5]. In risposta a questo ingente movimento di persone, per la maggior parte provenienti dalla Siria, il segretario generale delle Nazioni Unite Ban Ki-moon convocò per il 19 settembre 2016 un vertice per affrontare la questione dei migranti e dei rifugiati.

In seguito a quella riunione, gli Stati membri delle Nazioni Unite adottarono all'unanimità la Dichiarazione di New York su migranti e rifugiati, che comprendeva una serie di impegni, sud-

---

4. www.vatican.va/roman_curia/pontifical_councils/corunum/documents/ rc_pc_corunum_doc_25061992_refugees_it.html
5. Cfr IFRC REGIONAL OFFICE FOR EUROPE MIGRATION RESPONSE, *Information Bulletin*, n. 4, 15 dicembre 2015.

divisi in tre sezioni: *1)* «Impegni riguardanti i rifugiati e migranti» (parr. 22-40); *2)* «Impegni nei confronti dei migranti» (parr. 41-63); *3)* «Impegni nei confronti dei rifugiati» (parr. 64-87). L'Allegato I della Dichiarazione di New York stabiliva un *Comprehensive Refugee Response Framework* («Quadro di risposta globale sui rifugiati», Crrf), come richiesto dagli Stati membri nel paragrafo 69 della stessa Dichiarazione. In appendice al documento, gli Stati membri si impegnavano a operare per l'adozione, entro il 2018, di un patto internazionale sui rifugiati basato sul suddetto Crrf[6].

L'Alto Commissariato delle Nazioni Unite per i rifugiati (Unhcr) è stato invitato a cooperare con gli Stati e a consultare tutte le parti interessate, per dar luogo a un patto finalizzato ad «alleggerire la pressione sui Paesi ospitanti più coinvolti, a promuovere fra i rifugiati fiducia in se stessi e autonomia, a esplorare nuove vie per l'ammissione in altri Paesi e a stabilire le condizioni per il rimpatrio volontario nei Paesi di origine con sicurezza e dignità»[7]. Va notato che, entro il mese di marzo del 2016, molti Paesi europei avevano istituito rigorose misure di controllo alle frontiere, e che nei grandi spostamenti c'era stata una riduzione numerica di migranti.

Il processo

In risposta a quell'invito, l'Unhcr ha pianificato un processo in tre fasi, che prevedeva una discussione tematica, un consuntivo e le consultazioni formali. Tutti gli incontri si sono svolti a Ginevra nel 2017-18, e vi hanno partecipato gli Stati membri, rappresentanze di altre organizzazioni internazionali, organizzazioni non governative, accademici e membri del settore privato[8].

---

6.   Cfr Dichiarazione di New York su migranti e rifugiati (A/RES/71/1 2016), 19 settembre 2016, Allegato I, 19.

7.   Ivi, 18.

8.   Le discussioni tematiche sono state cinque, incentrate sui seguenti punti: *1)* Esempi passati e attuali di condivisioni di oneri e responsabilità; *2)* Misure preliminari in vista di grandi movimenti di rifugiati; *3)* Soddisfare le esigenze e supportare le comunità; *4)* Trovare soluzioni; *5)* Questioni trasversali. Ogni discussione prevedeva diversi gruppi di presentazione condotti da esperti, seguiti da repliche della platea e dalle risposte conclusive degli esperti. Le discussioni avevano finalità informative e miravano a fornire esempi di *best practices*, buone pratiche. Per informazioni più

La Sezione Migranti e Rifugiati della Santa Sede ha promosso una serie di incontri, prima con le organizzazioni cattoliche non governative specializzate in profughi o migranti o che hanno operato nell'uno o nell'altro campo, e poi con i rappresentanti delle Conferenze episcopali regionali, riguardo a ciò che, in base alla dottrina sociale della Chiesa e all'esperienza sul campo, si riteneva che dovesse essere incluso nei Patti globali. A seguito di tali consultazioni è stata presentata a papa Francesco una bozza, dalla quale è scaturito il documento *Rispondere ai rifugiati e ai migranti. Venti Punti di azione pastorale*[9].

Nella Dichiarazione di New York l'Unhcr era stato incaricato di presentare il Patto globale e di avviare consultazioni, ma non di negoziarne il contenuto[10]. Anteriormente alla prima delle 6 consultazioni l'Unhcr ha distribuito una bozza del *Global Compact*, che è servita da base per le discussioni. Durante le consultazioni sono stati presi appunti dagli interventi degli Stati e di altri, che, per quanto possibile[11], sono stati inseriti nelle stesure successive della bozza. La «bozza corretta» del prodotto finale è stata distribuita a fine luglio 2018.

Il Patto globale sui rifugiati

Il Patto sui rifugiati è suddiviso in 4 sezioni: *1)* Introduzione; *2)* Quadro di risposta globale sui rifugiati; *3)* Programma operativo; *4)* Sezione dedicata alle misure di *follow-up* con un primo bilancio.

L'introduzione afferma molto chiaramente che «il Patto globale non è giuridicamente vincolante»[12]. Esso stabilisce gli obiettivi del

dettagliate e documentazione, cfr www.unhcr.org/thematic-discussions-for-the-global-compact-on-refugees

9. Sezione Migranti e Rifugiati, *Rispondere ai rifugiati e ai migranti. Venti punti di azione pastorale*, in migrants-refugees.va/it/20–punti-dazione

10. Quindi una procedura diversa da quella adottata per il *Global Compact* sulla migrazione, tradottosi in un negoziato intergovernativo fra gli Stati che richiedeva il consenso per l'adozione.

11. A volte erano state avanzate proposte contraddittorie: per esempio, che sarebbe stato opportuno un meccanismo obbligatorio e vincolante per la ripartizione degli oneri, ma al tempo stesso che si sarebbero dovute imporre procedure altrettanto vincolanti per far rispettare la sovranità di ogni singolo Stato.

12. *Global Compact on Refugees* (versione anticipata), paragrafo 4.

Global Compact che, dietro insistenza di un certo numero di Stati membri, riprendono alla lettera quelli indicati nella Dichiarazione di New York all'Allegato I, paragrafo 18. Enuncia anche i princìpi guida del Patto, vale a dire la solidarietà internazionale, il rispetto internazionale dei diritti umani, del diritto umanitario e del diritto internazionale dei rifugiati, nonché i princìpi umanitari fondamentali, quali umanità, neutralità, indipendenza e imparzialità. Infine tratta della prevenzione e delle cause che sono alla radice dei movimenti di rifugiati. Lo fa in maniera molto misurata, perché il Patto è, per l'appunto, un documento umanitario e non politico: guarda cioè alle necessità, e non ha l'intento di attribuire colpe.

Il Crrf viene inserito come parte II del *Global Compact*, con un riferimento che occupa solo due righe del testo.

La sezione più corposa del Patto sui rifugiati è quella del piano di azione, che si propone di aiutare, con misure specifiche, gli Stati e la comunità internazionale a mettere in pratica il Crrf. Mentre la Dichiarazione di New York si concentrava sui grandi movimenti di popoli, il Crrf e il piano d'intervento si estendono a situazioni di rifugiati protratte[13], vale a dire all'assistenza a quei Paesi che hanno ospitato un gran numero di rifugiati per un lungo periodo di tempo (di solito 5 o più anni), com'è il caso dell'ospitalità concessa dall'Etiopia ai rifugiati eritrei, sudanesi e somali.

Il programma operativo si articola in tre parti. La prima descrive le principali modalità per la condivisione di «oneri e/o responsabilità». La distinzione di questi due termini è significativa, perché rivela la diversità di vedute tra gli Stati membri su come vadano considerati i rifugiati. L'80% dei rifugiati mondiali vive in un piccolo numero di Paesi: Pakistan, Iran, Turchia, Libano, Giordania, Uganda, Etiopia, Kenya. La maggior parte di essi viene ospitata in Paesi meno sviluppati, soprattutto i rifugiati in Africa. Queste nazioni accolgono i rifugiati, sebbene ciò per loro costituisca un peso economico notevole. In tale accoglienza, tuttavia, essi dipendono da tutti gli Stati membri per l'assistenza finanziaria e di altro genere.

Tale sostegno finanziario non è stato sufficiente. La maggior parte delle situazioni che riguardano i rifugiati ricevono circa il

---

13. Cfr A/RES/71/1, Allegato 1, 4; *Global Compact on Refugees*, n. 11.

50% dei fondi necessari per soddisfarne le esigenze, provocando così uno stato di scontentezza tra i profughi che, a sua volta,
potrebbe compromettere la sicurezza degli Stati ospitanti. Questi
vorrebbero che si istituisse un meccanismo obbligatorio in base al
quale tutti gli Stati membri siano costretti a contribuire per aiutare
le nazioni ospitanti. Gli altri Stati membri, però, non desidera-
no subire procedure obbligatorie, finalizzate a tassarli e a far loro
erogare denaro. Per evitare questa potenziale *impasse*, si è ricorsi
all'uso della parola «accordi».

La prima sezione del programma propone diversi metodi per giungere all'aiuto necessario: un forum globale dei rifugiati, da convocare
ogni 4 anni; una piattaforma di supporto per mobilitare il sostegno in
particolari situazioni; l'accesso a istituzioni finanziarie internazionali,
come ad esempio la Banca Mondiale e le banche di sviluppo regionali;
la mobilitazione del settore privato. Si rileva inoltre la necessità di dati
precisi su cui basare le discussioni politiche e governative riguardo ai
requisiti per l'aumento dei fondi[14].

La Santa Sede non è entrata direttamente nel dibattito sugli oneri e sulle responsabilità[15]. In un intervento di un suo rappresentante
alla Consultazione formale, ha preso atto del fatto che il Patto non
crea obblighi di legge, pur invitando gli Stati a considerare il dovere
morale di conformarsi ad esso. Ha riconosciuto la generosità delle
nazioni ospitanti, dichiarando che «queste collettività dovrebbero ricevere un supporto tangibile e tempestivo da parte della comunità
internazionale»[16].

Dopo la discussione degli accordi, il *Global Compact* cerca di
individuare aspetti delle operazioni a favore dei rifugiati su cui possano concentrarsi la solidarietà e l'assistenza internazionali o, con
le parole del Patto stesso, le «aree bisognose di assistenza». Il Patto
formula un criterio sequenziale di interventi da adottare in qualsiasi
operazione riguardante i rifugiati: si inizia dalle priorità – le «Condizioni di accoglienza e di ammissione» –; si prosegue con le misure

14. Cfr *Global Compact on Refugees* (versione anticipata), nn. 17-48.
15. Il sedicesimo dei venti punti suggeriti dalla Sezione Migranti e Rifugiati
della Santa Sede incoraggia gli Stati donatori ad aumentare i finanziamenti. Cfr
SEZIONE MIGRANTI E RIFUGIATI, *Verso i patti globali*, cit., n. 38.
16. Consultazione formale, intervento della Santa Sede, 13 febbraio 2018, 1.

di «Risposta ai bisogni» e di «Supporto alle comunità ospitanti»; e infine si propongono le «Soluzioni», cioè i passi che si possono compiere per porre fine allo *status* di rifugiati[17].

Si è stati attenti a dissipare i timori, espressi spesso dagli Stati ospitanti, che le misure imposte comportino per loro ulteriori obblighi. Il Patto afferma chiaramente che le misure proposte «non intendono creare oneri o imposizioni aggiuntive per i Paesi ospitanti»[18], ma vanno viste come un contesto specifico e rispettoso delle «politiche e delle priorità nazionali»[19].

I paragrafi che trattano delle condizioni di accoglienza e di ammissione cercano di bilanciare gli interessi dei Paesi ospitanti – per esempio, la sicurezza e le garanzie sanitarie[20] – con i diritti e i bisogni dei rifugiati e dei richiedenti asilo. Per quanto riguarda questi ultimi, il Patto suggerisce che il processo dovrebbe tener conto di particolari situazioni di vulnerabilità, come l'età, la disabilità, il sesso e così via, e che «l'assistenza umanitaria di base e i servizi essenziali» devono essere disponibili nelle aree di accoglienza[21].

Questa sezione del Patto prospetta anche la registrazione e gli ulteriori controlli dovuti a casi specifici, quali per esempio le vittime della tratta di persone o i minori non accompagnati[22]. Sebbene alcuni Stati membri sostenessero che le preoccupazioni di sicurezza nazionale trascendono quelle riguardanti i diritti umani, e pertanto devono avere la priorità, la versione finale del Patto ha adottato un approccio equilibrato. Su questo problema essa è stata in sintonia con la posizione della Santa Sede, che ha invitato «ad adottare una prospettiva di sicurezza nazionale che tenga in debito conto la sicurezza e i diritti di tutti»[23].

Una caratteristica fondamentale del *Global Compact* sui rifugiati è il suo insistere sull'inclusione, per quanto possibile, delle comuni-

17. Cfr *Global Compact on Refugees* (versione anticipata), n. 49-100.
18. Ivi, n. 50.
19. Ivi, n. 49.
20. Ivi, n. 56 s.
21. Ivi, n. 54. Il punto 3 (b) dei suddetti venti punti auspica politiche nazionali «che rispondano innanzitutto alle necessità e alle vulnerabilità», prima di preoccuparsi delle questioni di Stato. Cfr SEZIONE MIGRANTI E RIFUGIATI, *Verso i patti globali...*, cit., 28.
22. Cfr *Global Compact on Refugees* (versione anticipata), nn. 58-60.
23. Cfr SEZIONE MIGRANTI E RIFUGIATI, *Verso i patti globali...*, cit., 28.

tà ospitanti come co-beneficiarie dell'assistenza. Molti Paesi ospitanti sono classificati tra le nazioni meno sviluppate, e ciò significa che, soprattutto nelle zone rurali, i servizi e le istituzioni pubbliche spesso si riducono ai minimi termini. Se i rifugiati vengono considerati dalla popolazione locale come «più ricchi», si possono innescare situazioni esplosive, come è accaduto spesso in passato. Una conseguenza potrebbe essere, paradossalmente, che i rifugiati diventino più vulnerabili proprio a causa dell'assistenza che ricevono: per esempio, rifugiati anziani potrebbero venire derubati del loro sussidio alimentare.

Uno degli obiettivi della sezione del Patto «Risposta ai bisogni e supporto alle comunità ospitanti» è quello di ridurre al minimo tale genere di rischi per i rifugiati, riconoscendo allo stesso tempo il contributo positivo apportato dalle comunità ospitanti. Il *Global Compact* raccomanda che, per quanto è possibile, l'assistenza umanitaria «venga assicurata in modo che a beneficiarne siano tanto i rifugiati quanto le comunità ospitanti»[24]. Poi raccomanda agli Stati ospitanti di inserire i bambini e i giovani rifugiati nei loro sistemi educativi, e ai donatori di finalizzare i loro contributi al miglioramento delle strutture locali di istruzione pubblica[25].

Mons. Ivan Jurkovič, Osservatore permanente della Santa Sede presso le Nazioni Unite, ha affermato a Ginevra: «La comunità educante, in particolare le scuole e le università, può essere lo spazio per una vera esperienza di relazione interculturale [...]. In questo contesto favorevole di pluralismo culturale – in cui istituzioni, associazioni e comunità religiose collaborano insieme come mediatori culturali e sociali – l'integrazione dei migranti e dei rifugiati potrebbe davvero dar luogo a un "processo a doppio senso"»[26]. Il Patto adotta un approccio analogo a proposito delle necessità sanitarie dei rifugiati e delle comunità ospitanti[27], come pure delle esigenze di sicurezza alimentare[28].

---

24. *Global Compact on Refugees* (versione avanzata), n. 67. Cfr anche il par. 84, «Promuovere buone relazioni e una convivenza pacifica».
25. Ivi, nn. 68-69.
26. I. JURKOVIČ, «Intervento» alla XXXVII Sessione del Consiglio per i diritti umani delle Nazioni Unite, Ginevra, 1 marzo 2018, Rapporto speciale nel campo dei diritti culturali.
27. Cfr *Global Compact on Refugees* (versione anticipata), nn. 72-73.
28. Cfr ivi, nn. 80-81.

La questione dell'occupazione e dei mezzi di sussistenza per i rifugiati è diventata da molti anni oggetto di contenzioso tra gli Stati. A suo tempo, diversi Stati membri hanno presentato numerose riserve sulla norma – contenuta nella Convenzione del 1951 sullo *status* dei rifugiati (art. 17) – che prevede la concessione del trattamento più favorevole nella fornitura di un lavoro retribuito: ne sono state formulate più che per qualsiasi altro articolo[29]. Consapevole di questa riluttanza storica da parte di molti Stati membri, il *Global Compact* tenta un approccio *win-win* (cioè di soli vincitori in una data situazione). Propone un contesto in cui lo sviluppo economico e la crescita siano utili a entrambe le comunità – quella degli ospitanti e quella dei rifugiati – e invita i donatori a contribuire «con risorse e competenze per promuovere le opportunità di crescita economica»[30].

La Santa Sede ha chiesto che anche ai rifugiati e ai richiedenti asilo venisse accordato il diritto al lavoro[31]. Questa sua posizione non è sorprendente, dato che la dottrina sociale della Chiesa connette la dignità del lavoro con la dignità umana e con lo sviluppo umano integrale.

Nel suo intervento sulle «aree bisognose di assistenza», la Santa Sede ha richiesto che il *Global Compact* mantenga «un approccio olistico e integrato, con una particolare attenzione alla centralità della persona umana, davvero in grado di migliorare la vita di milioni di rifugiati, come pure delle comunità che li ospitano. A tale proposito apprezziamo l'accento posto sulla [...] promozione del lavoro dignitoso»[32].

La parte finale della sezione «Aree bisognose di assistenza» riguarda le soluzioni. Tradizionalmente l'espressione utilizzata è «soluzioni durature», volendo sottolineare il fatto che lo *status* giuridico di rifugiato è pensato per un breve periodo di tempo. Il *Global Compact* evita il linguaggio tradizionale, perché suggerisce che andrebbe-

---

29. Cfr A. Edwards, «Articolo 17», in A. Zimmermann - J. Dörschner - F. Machts, *The 1951 Convention Relating to the Status of Refugees and its 1967 Protocol: A Commentary*, Oxford, Oxford University Press, 2011, 956 s.

30. *Global Compact on Refugees*, n. 70.

31. Cfr Sezione Migranti e Rifugiati, *Verso i patti globali*, cit., nn. 13 b; 36.

32. Id., «Dichiarazione alla VI Consultazione formale in vista del "Global Compact sui rifugiati"», 4 luglio 2018, 1.

ro incoraggiati «percorsi complementari»[33] per far passare i rifugiati dal Paese ospitante iniziale a un altro Paese, come pure le proposte di «altre soluzioni locali»[34]. Tra questi mezzi alternativi per spostarsi, si potrebbero includere i visti per gli studenti e per il lavoro. Le tre soluzioni durature sono dunque il ritorno volontario al Paese di origine, il reinsediamento in Paesi terzi e l'integrazione locale.

L'inserimento del paragrafo riguardante «altre soluzioni locali» riflette uno sforzo per contemperare le posizioni di alcuni Stati membri – secondo i quali l'integrazione locale sarebbe impraticabile, perché in contrasto con il loro diritto sovrano di determinare chi può rimanere sul loro territorio – con il fatto che le situazioni dei rifugiati a volte si protraggono per un lungo lasso di tempo: ad esempio, i somali sono affluiti molto numerosi in Etiopia e in Kenya fin dal 1991, gli afghani si sono rifugiati in Pakistan e in Iran dalla fine degli anni Settanta, e dal 2011 i siriani espatriano in Turchia, Giordania e Libano. Nessuno dei summenzionati Paesi ospitanti contempla disposizioni legislative che consentano l'integrazione locale dei rifugiati, sebbene tutti quegli Stati siano tra i primi 10 per quanto concerne l'ospitalità data a profughi. Questi e molti altri Paesi ospitanti preferirebbero veder tornare i profughi volontariamente nei loro Paesi d'origine.

La soluzione duratura del reinsediamento in un Paese terzo è destinata a ridurre la pressione sugli Stati ospitanti. Il numero di rifugiati che possono essere reinsediati in un determinato anno è abbastanza ristretto rispetto alla popolazione totale dei rifugiati, e per giunta è stato drasticamente ridotto dal cambiamento della politica degli Stati Uniti, che finora avevano accolto il maggior numero di rifugiati reinsediati ogni anno.

La Santa Sede ha sostenuto con forza l'integrazione locale. Ha incoraggiato gli Stati «ad adottare norme, politiche e prassi che facilitino l'integrazione locale dei migranti, dei richiedenti asilo e delle popolazioni di rifugiati»[35]. Inoltre, ha sollecitato gli Stati a estendere questa pratica e ad ampliare la portata dei potenziali beneficiari: per esempio, allargando la definizione di «famiglia», per consentire ai

33. *Global Compact on Refugees*, nn. 94-96.
34. Ivi, n. 100.
35. SEZIONE MIGRANTI E RIFUGIATI, *Verso i patti globali...*, cit., nn. 13; 35.

nonni e ad altri parenti di fruire dei programmi di ricongiungimento familiare[36].

La parte finale del *Global Compact* è dedicata a misure di *follow-up*, che comprendono un forum globale sui rifugiati ogni quattro anni e sessioni di verifica per determinare i progressi degli Stati rispetto agli impegni del *Global Compact*.

Una valutazione

Nel dare una valutazione del processo che conduce al *Global Compact* sui rifugiati si devono considerare due aspetti: *1)* il prodotto stesso, cioè la versione finale del Patto; *2)* gli effetti del contributo della Santa Sede. Un metro di valutazione attendibile potrebbe coincidere con la risposta alla domanda: «La situazione dei rifugiati sul territorio è migliorata in seguito al "Global Compact" e all'attività della Santa Sede?».

Guardando anzitutto al Patto globale, si può notare una serie di importanti vantaggi concreti per i rifugiati. Il primo è che i problemi e la situazione dei rifugiati hanno destato l'attenzione dei più alti livelli governativi. Essi sono diventati un «tema caldo», e questo ha comportato benefici diretti a vantaggio di alcuni gruppi: ad esempio, i finanziamenti stanziati dall'Unione Europea per i profughi siriani in Turchia, in Giordania e in Libano. Sono finiti i giorni in cui il detto «Quando i rifugiati fanno notizia, è una brutta notizia per i rifugiati» si poteva considerare parente prossimo della verità.

D'altra parte, permangono gravi problemi sia per i rifugiati sia per i Paesi ospitanti: per esempio, riguardo al diritto al lavoro e alla libera circolazione nella maggior parte delle nazioni ospitanti. Nonostante la retorica «oneri/responsabilità» del *Global Compact*, i contributi sono ancora ben lontani dal soddisfare le esigenze. Un esempio: alla fine di agosto 2018 era stato fornito poco più del 10% dei fondi necessari per sostenere i rifugiati provenienti dalla Repubblica Democratica del Congo[37]. Di conseguenza, in molti Paesi i rifugiati continueranno a essere denutriti, poco istruiti e disoccupati.

36. Cfr ivi, nn. 14 b; 37.
37. Cfr data2.unhcr.org/en/situations/drc

Quanto al contributo che la Santa Sede ha dato al processo, si può affermare che l'interesse personale di papa Francesco per la difficile situazione dei rifugiati e dei migranti ha avuto un ruolo molto positivo nel portare la questione dei profughi alla ribalta del dibattito pubblico. Non si può escludere che l'inserimento della questione ai primi posti dell'agenda politica si possa tradurre in un aumento dei finanziamenti da parte dell'Europa e di altri Stati. Inoltre, il contributo dato dalla Santa Sede al processo di formulazione del *Global Compact* è stato determinante.

Il documento conclusivo non ha incentivato l'integrazione locale, il diritto al lavoro e l'inserimento dei rifugiati nei programmi nazionali di istruzione e di servizio sanitario nella misura auspicata dai *Venti Punti di azione pastorale*. Tuttavia, visto l'ampio coinvolgimento della Santa Sede, le strutture cattoliche regionali e nazionali ora dispongono di un insieme di punti in base ai quali possono impegnarsi a dialogare con le autorità nazionali per migliorare la situazione dei rifugiati a livello locale. La Sezione Migranti e Rifugiati certamente si dedicherà a promuovere tali dialoghi nazionali.

«In quanto accordi condivisi a livello globale – ha detto papa Francesco, riferendosi ai due *Global Compact* – questi patti rappresenteranno un quadro di riferimento per proposte politiche e misure pratiche. Per questo è importante che siano ispirati da compassione, lungimiranza e coraggio […]: solo così il necessario realismo della politica internazionale non diventerà una resa al cinismo e alla globalizzazione dell'indifferenza. Il dialogo e il coordinamento, in effetti, costituiscono una necessità e un dovere proprio della comunità internazionale»[38].

---

38. FRANCESCO, *Migranti e rifugiati: uomini e donne in cerca di pace*, Messaggio per la celebrazione della «51ª Giornata mondiale della pace 2018», 13 novembre 2017.

MIGRANTI
E RIFUGIATI D'ITALIA

DELLA EMIGRAZIONE ITALIANA

Tra i frutti dei rivolgimenti che, in questi ultimi ventinove anni, tutta da capo a fondo scompigliarono la Penisola nostra, deve annoverarsi l'emigrazione, generalmente dagli stessi economisti di parte liberale deplorata, qual danno gravissimo per l'Italia e per gli Italiani che ne abbandonano il suolo. Prima del 1860, questa piaga, se così piace dirla, era appena conosciuta. Gl'Italiani emigravano a tempo dentro, non per sempre fuori dei patrii lidi. Gli Abruzzesi scendevano nei piani dell'agro romano; i Bergamaschi e i Comaschi passavano nella Liguria; i Lucchesi si spandevano per la Lombardia e pel Piemonte: ma raro assai era il caso di gente, in ispecie contadinesca, che vendesse il poco che possedeva, ed in cerca di pane trasportasse i lari oltre l'Oceano od il Mediterraneo.

I Piemontesi cominciarono nel 1852 a tragittarsi nell'Algeria, ove nel 1860 si contarono 12.755 Italiani, provenienti in gran parte dalle antiche provincie liguri e subalpine, nelle quali principiavano a fiorire le delizie della affamante libertà. Dal 1819 al 1855, negli Stati Uniti d'America arrivarono non più che 7.185 Italiani, dei quali 2.995 dopo il 1850. Se non che vuol notarsi che gl'Italiani emigrati, nel detto periodo di anni, da questi paesi negli Stati transatlantici, vi erano più per ragioni di commercio lucroso, che di stringente miseria. La colonia italiana di Montevideo, nata nel 1834, fu nell'origine formata quasi tutta di Genovesi, trafficanti: ma dopo il 1861 vi prevalsero i Napolitani, fuggenti la fame, che nel mezzogiorno d'Italia andava di pari passo coll'introduzione della novella civiltà.

Vero è che, a difficultare l'emigrazione, ossia stabile e permanente, ossia temporanea, sorgevano allora i pericoli, le lunghezze e le

 © La Civiltà Cattolica 1888 XI 385-403 | fasc. 916 (6 agosto 1888)

spese dei viaggi, di tanto scemate dopo le incredibili agevolezze che venne offerendo il vapore, per le strade marittime e terrestri. Ma di certo, con tutte le sopravvenute facilità, giammai gl'Italiani appartenenti all'infima plebe non avrebbero lasciato il paese loro nativo, se da durissima necessità non fossero stati costretti. Vi ha scrittori e pubblicisti liberali che, per indebolire la verità del detto popolare: «si stava meglio quando si stava peggio», accusano i Governi preceduti di avere posti impedimenti all'emigrazione. Sia pure: ma debbono concedere che il potissimo di questi impedimenti era il far sì, che la fame non avesse da consigliare a nessuno la fuga dalla patria.

II.

Per ben chiarire i concetti, bisogna osservare che emigranti non sono i semplici viaggiatori. Non tutti coloro che escono dal proprio paese, o per diletto, o per negozii commerciali, son da dirsi emigranti. È tale chi ne parte, coll'intenzione di abbandonarlo definitivamente; chi va fuori da' suoi confini col proposito di non rientrarvi più, o almeno senza il deliberato proposito di ritornarvi; chi uscendone non prevede se vi rientrerà, o quando possa mai rientrarvi. Per fare che sia inscritto nel ruolo degli emigranti, basta ch'egli faccia conto di fissare la sua dimora in terra forestiera.

Di qui la distinzione fra emigranti stabili e temporarii. Chè non possono dirsi, nello stretto senso del vocabolo, emigranti coloro tutti che, per lo più dal novembre al giugno, si trasferiscono in Francia, in Grecia, nell'Algeria, nell'Austria o altrove, per cercarvi il lavoro che scarseggia fra noi, e tornare poi in Italia a camparvi l'estate e l'autunno, col frutto dei guadagni e risparmii messi insieme, fuor di paese, nel corso dell'inverno e della primavera.

L'emigrazione stabile, secondo le notizie meno fallaci, che si son potute raccogliere dai Comuni d'Italia, tranne qualche sosta ed anche qualche passo a ritroso, dopo il 1867, è sempre venuta crescendo da un anno all'altro; e da circa 20.000 che era nel 1876 è salita ad 85.000 nel 1886. Il *Bullettin de l'Institut international de statistique*[1] dal quale ricopiamo il quadro che siamo per soggiun-

1. T.II, *2ème livraison, annès 1887.*

gere, avverte, che questa cifra di 85.000 non è tutta l'emigrazione propria; poichè in America e in altri paesi arriva un numero maggiore, fra emigranti e viaggiatori, per cagione altresì di quella parte di emigrazione temporanea che vi si converte in permanente. Dal quadro medesimo poi ci apparirà che la temporanea oscilla fra gli 80.000 e i 100.000.

Ecco ora lo specchio delle due specie di emigrazione, comprendente il corso degli undici anni 1876-86.

ANNI	EMIGRAZIONE STABILE	EMIGRAZIONE TEMPORANEA	TOTALE
1876	19,756	80,015	108,771
1877	21,087	78,126	99,213
1878	18,535	77,733	98,268
1879	40,824	79,007	119,831
1880	37,934	81,967	119,901
1881	41,607	94,225	135,832
1882	65,748	95,814	161,562
1883	68,416	100,685	169,101
1884	58,049	88,968	147,017
1995	77,029	80,164	157,193
1886	85,355	82,474	167,829

III.

Le oscillazioni da un anno all'altro derivano dal variare delle condizioni agricole e commerciali delle province, da cui gli emigranti partono, o talvolta ancora da quelle economiche dei paesi, verso i quali sono diretti. Le rivoluzioni politiche dell'America meridionale, per esempio, sconvolgono tutto il giro di questi e li dispergono per ogni verso.

Fuori d'Europa, e quindi con ogni probabilità stabilmente, emigrano in quantità maggiore gl'Italiani del mezzogiorno. Nel 1886, dalla sola provincia di Potenza ne emigrarono 10.642; da quella di Salerno, 7.824; da quella di Campobasso, 6.847; da quella di Cosenza, 6.749. Quattro province, dalle quali uscirono più di 32.000 persone; oltre un buon terzo sopra il numero totale degli emigranti da tutta intera l'Italia.

Per paesi europei, e conseguentemente quasi sempre a tempo, le province che danno più delle altre emigranti, son quelle del Piemonte, del Veneto, segnatamente quelle di Udine e di Belluno, e quelle della Toscana. Nel medesimo anno 1886, da quella di Cuneo ne partirono 9.504; da quella di Udine 25,744; da quella di Belluno 7.931. La provincia di Lucca ne mandò fuori 6.014, quella di Massa 2.571. Le cifre di Udine e di Belluno si ragguagliano pressochè al 5% degli abitanti l'anno: ragguaglio al tutto esorbitante. Nell'Italia centrale minima è stata finora l'emigrazione delle due specie. Ma già in questa parte ancora della Penisola principia a manifestarsi l'inclinazione ad uscir di paese. Verbigrazia, nelle Marche è il Comune di Potenza Picena di 7.278 anime, donde annualmente ne emigrano da 200.

Notabile diversità corre pure, fra le due sorte di emigrazione, rispetto alle professoni, all'età, al sesso degli emigranti. La permanente ha in maggior copia dell'altra donne e fanciulli, perchè spesso i capi di casa conducono seco tutta la famiglia; ed è composta, quasi senza eccezione, di agricoltori, di braccianti e di artigiani. La temporanea invece è formata può dirsi unicamente da uomini vigorosi, muratori, sterratori, legnaiuoli, scalpellini, i quali vanno via per un determinato lavoro e si propongono di alimentar da lontano la famiglia, nel cui seno, dopo un certo lasso di tempo, intendono ritornare.

Difficilissima cosa è poi tener conto esatto delle contrade, cui gli emigranti fuori di Europa vanno a far capo. Il più delle volte essi ripugnano, per una ragione o per un'altra, di informarne i sindaci dei nativi Comuni, fonte principale d'onde si attingono in questa materia i dati per la statistica. Per modo d'esempio, l'anno 1886 dichiararono ai sindaci di andare in Marsiglia non più che 1.070 di essi, e di andare all'Havre, per prendervi imbarco, circa 900 soltanto. Ed invece si è raccolto, dai documenti francesi, che proprio in quell'anno, 13.474 emigranti italiani partirono da Marsiglia, e 6.619 dall'Havre.

Stando alle dichiarazioni fatte innanzi ai sindaci, sul totale ili 167.820 emigranti, senza distinzione di durata dell'assenza loro, nel detto anno, 28.040 si sarebbero condotti agli Stati Uniti e al Canadà, 38.383 all'Argentina, 11.334 al Brasile, 4.500 in Africa e 80.406 in altri Stati d'Europa. Ma le statistiche degli arrivi differiscono da queste cifre. Quelle degli Stati Uniti ne danno 30.565, e quelle dell'Argentina ne danno 43.328. Questa differenza sarà stata originata forse dal numero dei tanti, che s'imbarcarono in Marsiglia e nell'Havre, senza avere manifestato prima in Italia ove divisassero di approdare.

IV.

Se si consultano le dichiarazioni raccolte dai sindaci dei Comuni d'origine degli emigranti, secondo gli anni, sarebbero partiti dall'Italia per gli Stati europei da 48 a 79% del loro totale, e da 21 a 52%, per paesi non europei. Nel 1886, i diretti verso paesi d'Europa furono così divisi: verso la Francia 21,28% verso l'Austria 11,42, verso l'Ungheria 7,85, verso la Svizzera 2,50, verso la Germania 2,27, verso altri luoghi 2,50: e in somma il 47,91% del totale degli emigranti.

L'emigrazione per l'America è via via cresciuta, e si rivolge in gran parte verso le Repubbliche Platensi, in ragione di 22,87 per cento emigranti, di 6,75 verso il Brasile, e di 17,06 verso gli Stati Uniti. Di fatto le ultime statistiche pubblicate della emigrazione italiana, corrente il primo semestre di quest'anno 1888, ci mostrano che, dal solo porto di Genova, per l'America del sud si sono imbarcate 70.012 persone, fra cui 43.816 uomini e 26.198 donne.

Prendendo il quinquennio 1882-1886, lo specchio dell'emigrazione italiana, duratura o temporanea, per le Americhe, offre partitamente queste cifre.

	1882	1883	1884	1885	1886
Stati Uniti e Canada................	18,669	21,337	10,817	13,096	28,640
Messico ed America centrale..........	3,741	4,178	1,289	1,583	1,179
Brasile................................	9,074	7,590	6,116	12,311	11,331
Chili e Perù...........................	531	317	350	366	321
Repubbliche della Plata..................	24,526	26,075	34,016	40,054	38,383
America, senza distinzioni di parti...	3,151	3,891	2,849	5,080	2,309
Totale	59,695	63,388	55,467	72,490	82,166

Non si può negare che l'aumento sia notevole. Ma è notevolissimo per chi consideri, che nel 1870 la cifra degli Italiani emigranti negli Stati Uniti era di 2.940, degli emigranti nelle Repubbliche Platensi era di 14.391, e degli emigranti nel Brasile era di 986.

E che debba accrescersi viepiù lo provano queste parole della *Riforma* di Roma, incaricata dal suo padrone, Francesco Crispi, di mandare gridi d'all'armi: «Viviamo in un momento nel quale gli Stati dell'America meridionale fanno a gara, per popolare le deserte e sconfinate campagne con lavoratori europei; un movimento di proporzioni colossali e non mai visto sta determinandosi ed organizzandosi verso quelle regioni; ed il campo sul quale lavorano Governi, Società e speculatori è principalmente e quasi esclusivamente l'Italia.

«La Repubblica Argentina avrebbe stanziato i fondi necessarii, per anticipare il prezzo della traversata a 140.000 emigranti; il Brasile sta trattando (dopo abolita la schiavitù) per la introduzione di altri 200.000 contadini, col viaggio gratuito; 40.000 ne chiamerebbe l'Uruguay; 60.000 il Perù; altri il Messico; altri gli Stati dell'America Centrale[2]».

V.

L'esame di questo fatto, sì stranamente nuovo, della emigrazione da un paese il più variamente fertile d'Europa, qual'è l'Italia, mostra che essa procede più vasta dalle province meridionali; che sono ancora le maggiormente dedite all'agricoltura; e più assai dai piccoli borghi, che non dalle popolate città. «La miseria di Napoli, scrive il Nitti, è certamente grandissima; basterà esaminare il poco consumo che una popolazione di quasi 600.000 abitanti fa delle carni e dei generi alimentari costosi, l'ingente numero dei nullatenenti e di coloro che, non esercitando nessun mestiere, sono costretti a vivere con arti ignote, per convincersene. Eppure questa grande città, che è la più popolosa d'Italia, e tende annualmente a rendersi sempre più tale, che ha una densità maggiore di Londra, di Parigi, di Berlino, di Vienna, di Roma e di Madrid, questa grandissima città ha una emigrazione inferiore a quella di ogni grossa borgata di Basilicata, del Molise e della Calabria. L'emigrazione *propria* di Napoli, che pure ha avuto un notevole

2. Num. dei 5 luglio 1888.

aumento dal 1870, era appena di 693 nel 1884, di 930 nel 1885 e di 910 nel 1886[3]».

Ecco del resto il prospetto della emigrazione, pel triennio 1884-1886, delle città che, secondo il censimento del 1881, superano i 100,000 abitanti: dal quale si vedrà come in tutte sia ben poca cosa.

ABITANTI	1984 EMIGRAZIONE		1985 EMIGRAZIONE		1886 EMIGRAZIONE	
	Propria	Temporanea	Propria	Temporanea	Propria	Temporanea
Napoli.....494,314	693	03	930	70	910	15
Milano...321,839	556	572	564	577	571	647
Roma.......300,337	9	...	8	...	4	...
Torino.....252,882	1,332	162	1,685	64	1,543	270
Palermo...244,991	265	42	310	76	207	77
Genova...179,515	182	...	223	...	312	30
Firenze...169,001	20	...	69	8	89	5
Venezia....134,810	4	164	...	173	...	158
Messina....126,437	245	14	229	46	249	64

Invece le campagne, dove la miseria è grande ed i salarii meschinissimi, trasmettono fuor di paese a schiere a schiere gli emigranti. E siccome questa povertà progredisce a mano a mano che dall'alta Italia si scende al basso, così l'emigrazione ancora tanto più si vede ingrossare quanto più, studiandola, dal settentrione, trapassato il centro della Penisola, si cala al mezzogiorno. Si guardi il Piemonte, regione dell'alta Italia, che fuor di dubbio manda via emigrati in numero assai grande. E nondimeno la emigrazione sua, paragonata a quella della Basilicata e del Salernitano, parrà esigua.

Che ciò sia, lo dimostra il seguente specchio comparativo degli ultimi undici anni 1876-1886.

3. *L'emigrazione italiana e i suoi avversarii*. Torino-Napoli 1888.

Popolazione del Piemonte, secondo il censimento del 1881.........8,070,250
„   della Basilicata...524,504
„   della Provincia di Salerno............................550,157

Emigrazione per i paesi non europei

ANNI	EMIGRATI DEL PIEMONTE	DALLA BASILICATA	DALLA PR. DI SALERNO
1876	1,747	864	1,278
1877	1,567	1,024	1,510
1878	1,751	2,092	1,905
1879	4,288	5,177	5,544
1880	3,695	4,929	5,811
1881	6,697	4,754	6,042
1882	8,599	7,436	7,929
1883	6,240	6,626	6,388
1884	8,976	4,754	3,986
1885	10,973	9,128	6,743
1886	11,102	10,642	7,824

L'emigrazione italiana pertanto muove senza paragone più copiosa dai borghi campestri, che non dalle grandi città, in cui fiorisca l'industria e l'agiatezza; sì perchè nella città i salarii sono men vili, e sì perchè gli artigiani cittadineschi sono men massai: onde, ancorchè volessero emigrare, non avrebbero i mezzi necessarii per farlo. Dovechè nei contadi il guadagno delle mercedi è bensì minimo, chè nell'Italia meridionale comunemente non passa gli 85 centesimi al giorno, per tredici ore di lavoro, ma il risparmio è sommo; ed inoltre è difficile che una famigliuola di agricoltori non possegga alcun che da poter vendere e col prezzo di questo, unito ai risparmii, procacciarsi il modo di attraversare l'Oceano.

VI.

La miseria dunque, e nient'altro che la miseria, è cagione primaria dello spopolarsi che fanno alcune provincie dell'Italia, e del diradarvisi gli abitanti in altre, fra le più floride e laboriose.

Nel 1882, la direzione della statistica del Ministero di agricoltura rivolse ai prefetti del Regno alcuni quesiti riguardanti l'emigrazione; primo dei quali era, se fosse promossa da miseria o da suggerimenti d'imbroglioni e mezzani, pagati dai Governi de' paesi d'immigrazione.

«Anzitutto, rispondeva il prefetto di Campobasso, è la *miseria* che spinge i contadini all'emigrazione, colla speranza di trovare in paese straniero una mercede meglio proporzionata al lavoro, e che provveda ai bisogni della vita».

Quello di Cosenza soggiungeva: «La *miseria* è il principale movente dell'emigrazione». E quello di Catanzaro medesimamente: «Il precipuo movente è la *scarsissima mercede* che ricevono gli operai della campagna, ed anche il fatto che sovente essi non hanno lavoro».

Il prefetto di Potenza poi così scriveva: «È senza dubbio la *miseria* la causa prima che spinge ad uscir dal paese gli agricoltori, braccianti ed altri operai, poichè le mercedi non bastano per far fronte ai più urgenti bisogni della vita; mentre, al contrario, le pigioni, i fitti dei terreni e l'interesse dei capitali aumentano. Quest'ultimo è salito ad enormi saggi negli ultimi anni, tanto che poteva ragguagliarsi, per piccola somma, e tenuto conto di tutta la spesa necessaria, in qualche caso, fino al 6% l'anno.

«Si presta, per esempio, al contadino un ettolitro di grano nel mese di maggio, con l'obbligo di restituire uno ed un quarto alla fine di agosto. Non essendo qui in uso, salvo rarissime eccezioni, la mezzadria, ogni famiglia di contadini è costretta a prendere in affitto da un proprietario un pezzo di terra, che non potendo essa coltivare con l'avanzo dell'anno precedente, nè col frutto del lavoro che presta ai proprietari ed ai grossi fittaiuoli, lo costringe a togliere in prestito quanto occorre per l'acquisto delle sementi e per i successivi lavori. Il lavoratore della terra sostiene pure la forte spesa della pigione della casa nell'abitato, mancando le abitazioni coloniche sul terreno».

Il prefetto di Salerno riscriveva, che nei circondari di Vallo e di Sala Consilina, dov'è tragrande il numero degli emigranti, «l'emigrazione è fomentata massimamente dalla *miseria e dalla tenuità dei salarii*». Quello di Benevento altresì confermava, essere la *miseria* impulso principale all'emigrazione: «poichè i contadini braccianti sono qui malamente retribuiti, ed hanno una mercede giornaliera, che appena basta per sostentare la vita». Linguaggio simile tenevano, nelle risposte loro, quello di Reggio di Calabria e quello di Avellino. Così che si ebbe un plebiscito ufficiale di prefetti, i quali tutti ad un coro asserivano, la miseria e la quasi assoluta impossibilità di campare, essere causa potissima, se non unica, della emigrazione.

Or ciò che è vero per le regioni meridionali è vero eziandio per le settentrionali dell'Italia, dalle quali, migliaia e migliaia di robusti villici, e manifattori emigrano, cacciati dalla fame, o nelle Americhe, o in Francia, in Austria, in Romania, in Algeria, per cercarvi quel pane che la già felice patria, *frugum magna parens,* non può loro più somministrare.

VII.

Il 15 decembre 1887, Francesco Crispi presentava alla Camera dei deputati un disegno di legge, ordinato per sè ad impedire l'emigrazione quanto fosse possibile; ed era accompagnato da queste parole, che ribadiscono l'argomento sin qui addotto della miseria, madre ed altrice di essa perenne. «Non sarebbe giusto di considerare, come si fa troppo spesso, i nostri emigranti come dei poveri illusi che vanno alla caccia della fortuna. La ragione di emigrare c'è, e non può dissimularsi. Nell'Italia superiore si avverte generalmente una eccedenza di braccia sul bisogno, così che la classe operaia agricola, in molti tempi dell'anno, manca di lavori; nelle provincie meridionali i fitti delle terre sono troppo elevati e l'interesse dei mutui troppo gravoso, perchè il contadino possa campare la vita; lassù e laggiù i salarii troppo bassi per chi ha una famiglia da mantenere.»

E non dev'essere altrimenti, se si avverta a qual punto di decadenza sia venuta in Italia l'agricoltura, sorgente naturale e storica del suo ben essere, a cagione del pessimo governo economico cui soggiace, e dei balzelli che l'opprimono o non hanno parità in nessuno

Stato dell'Europa. Imperocchè, durando le cose nell'estremo a cui sono ridotte, la povera Italia non può reggere ad un annuale bilancio di Governo, di Comune e di Provincia che, sommato insieme, le impone oltre *due mila milioni* di lire, senza esaurirsi e venir meno. La mancanza o la scarsità del lavoro è effetto della mancanza o della scarsità dei capitali che, succhiati dal Cerbero insaziabile dalle tre gole, non restano nelle mani dei possidenti i terreni o dei padroni di officine, per bonificare il suolo ed accrescere le industrie. «Noi siamo stati così ingegnosi nell'inventare nuove tasse, sclamava il senatore Jacini, il 13 gennaio 1880, che possiamo dire di avere esaurito tutto il repertorio dello scibile fiscale; e non ci rimane da tassare se non l'aria che respiriamo[4]». E prima il conte di Sambuy aveva detto alla Camera: «Il contribuente italiano è ridotto oggimai ad un'arancia spremuta[5]. Cosi spremuta, che il deputato Plebano, ai 15 del decorso giugno, ha potuto asserire nel Parlamento «che in Italia la gente che mangia pane è già assai poco numerosa[6].» Alla quale desolazione se si aggiungono i trattati di commercio, sospesi colla Francia o, per fini politici, stretti in danno dell'Italia con altri paesi, si avrà una ragione quasi adeguata della universale miseria, che sprona i popoli nostri più laboriosi a fuggire dalla più feconda delle terre, dal giardino d'Europa, per non morirvi di fame.

E notiamo di passaggio un fatto, che pur troppo conferma le tristissime verità finora espresse. Si sa come in Terra di Lavoro, in Basilicata e altrove la miseria inducesse i genitori ad affittare e pressochè vendere i figliuoli, che non potevano nutrire, a gabbamondi girovaghi, i quali menavano poi queste torme di bambini vagabondi in Parigi, in Vienna, in Londra, nelle più cospicue città degli Stati Uniti. L'infame traffico era non meno vituperoso per l'onestà, che pel nome italiano. A Nuova York erano venduti giornalmente i fanciulli d'Italia, come gli schiavi bianchi e neri nei mercati d'Oriente; ed il prezzo dei maschi variava dai cento ai duecento dollari, e quello delle femmine dai cento ai cinquecento. I mali trattamenti poi ai quali queste sventurate creature, per la cupidigia o nefandità de' lor crudeli padroni, sottostavano, non

---

4. Att. Uffic. pag. 2658.
5. Ivi 1874, pag. 411.
6. Ivi pag. 4006.

si potrebbero descrivere. Sopravvenuta la legge del 1873, che severamente vietava la indegna tratta, da quelle provincie, d'onde si cavava la merce, mosse tosto una corrente assai larga di emigrazione. Non potendo più i padri e le madri liberarsi dal peso della prole, col turpe affitto o commercio, voltano con essa le spalle alla patria terra: e son queste appunto le province, dalle quali escono ogni anno le turbe più numerose di emigrati; e in tale stato che fanno pietà.

«Vi sono dei paesi, scrive il Nitti, del Cosentino, della Basilicata, del Salernitano, d'onde gli emigranti partono a famiglie intere, col fermo proponimento di cangiar patria, di *farsi Americani,* com' essi dicono. Lo spettacolo di queste emigrazioni in massa è dolorosissimo; quando non trovano a vendere le miserabili casupole, i disgraziati emigranti le abbandonano, rimanendo l'uscio aperto e le chiavi appese al chiodo. Ed è un esodo tristo di gente lacera ed infelice; sono spesso gruppi di quattro o cinque famiglie, che partono insieme, trascinandosi dietro i vecchi ed i bambini; dando un addio eterno alla terra, che li vide nascere e li vide soffrire[7]». Oh, sì, è ben questo il caso di esclamare coll'Alighieri:

Ahi serva Italia, di dolore ostello!

VIII.

Pare strano ed è verità, che quasi tutta la scuola economica liberalesca d'Italia è sgomentata di questa, che dice piaga della crescente emigrazione, propende a contrariarla e batte le mani al Crispi, il quale, col suo disegno di legge, sotto pretesto di frenare gli abusi dei mezzani di emigrazione, intenderebbe di togliere agl'Italiani la libertà di andarsene a procacciar da vivere, ove loro meglio aggrada. Crudele prepotenza! Coi trovati della nuova economia, cogli scialacquamenti del pubblico danaro, colle oppressive leggi tributarie, nulla si risparmia per affamare il popolo in casa sua e ridurlo alla disperazione; e quando questo popolo fugge la morte di fame, fuggendo dal patrio tetto, si pretende incatenarlo, acciocchè per forza muoia disperato di fame, e così muoia nella patria. Codesto è il più spietato oltraggio, che recare si

7. Op. cit. 71.

possa all'ingenito diritto che ha ogni uomo di onestamente mangiare un pane e campare la vita.

Soggiungono gli avversarii della libertà d'emigrare, che il Governo deve intromettersi a circoscriverla per *filantropia,* impedendo in molti casi il male estremo degli emigranti stessi. «Può avvenire, così la *Riforma* di Francesco Crispi, che la libertà di emigrare debba dal Governo essere diminuita o moderata, acciocchè non si converta in un'arma di suicidio[8]». Che viscere di madre in questo Governo, che ha le mani grondanti lagrime e sangue di tante vittime! Si conceda pure che, in qualche caso, possa intervenire, per rimovere un pericolo quasi certo d'inganno fatale dal capo di turbe italiane, fuggenti la morte d'inedia. Ma frattanto perchè non si adopera, come sarebbe suo sacro dovere, a *diminuire* la causa precipua di questa inedia ed a *moderare* le disorbitanze fiscali, i monopolii e le legali iniquità, che da per tutto la dilatano?

Se non che parecchi dei più riputati economisti avversano la libertà dell'emigrazione, ricorrendo al danno che ne risentirà il paese, collo scemare a grado a grado di popolazione, e di quella che è la più valida ed operosa.

I fautori della libertà per altro rispondono coll'argomento delle cifre e dell'esempio di altri Stati, nei quali la emigrazione non produce, per la pubblica economia, i detrimenti da loro temuti.

E di vero, quella che i demografi chiamano *natalità,* è grande assai in Italia, dove il grosso de' suoi abitanti si serba ancora ossequente alle leggi dell'onestà coniugale, e la fecondità delle famiglie è rigogliosa. Lievi sono le annuali differenze delle nascite. Fra gli Stati d'Europa, l'Italia è dei più fecondi. Sopra 100 abitanti si ha, d'anno in anno, nelle nascite, questa poco variabile proporzione.

Italia	3,70
Svizzera	3,06
Svezia	3,03
Norvegia	3,05
Danimarca	3,12
Irlanda	2,65
Francia	2,56

8.   Num. l. c.

D'altra parte la media della mortalità annua è tale, che fra noi può stabilirsi come ordinario il rapporto di 80 morti per 100 nati. Ond'è che, nulla ostante la emigrazione e la guerra del 1860 e 1866, che fecero diminuire il numero dei matrimonii e delle nascite, la popolazione si è sempre aumentata. Nel 1861, questa era di 25.016.801, nel 1885 è salita a 29.699.785. Nel solo 1882, con tutto che la mortalità fosse maggior del solito, ed emigrassero 65.748 persone, si ebbe un accrescimento di 273.768 anime.

Tranne il Regno Unito della Gran Bretagna, dopo il Belgio e l'Olanda, l'Italia è la regione che ha la densità di popolazione più considerabile; giacchè, per ogni chilometro quadrato, conta 104 abitanti.

Dal 1851 al 1861, il numero degli abitanti del Regno Unito si accrebbe di 1.519.000, avvegnachè l'emigrazione sua fosse di 2.249.350.

Nella Germania parimente, dal 1871 al 1884, si ebbe una emigrazione di 1.309.212; eppure la sua popolazione, che nel 1872 era a pena di 41.228.000, montò nel 1883 a 45.862.000.

Come adunque i numerosi emigranti non pregiudicano il crescere della popolazione nel Regno Unito e nell'Impero germanico, così non la pregiudicano nell'Italia

Del resto parla chiaro il seguente specchio di confronto, l'eccedenza delle nascite sulle morti, e l'emigrazione per paesi non europei, cioè di qualità più stabile che temporanea, comprendente il quadriennio 1882-1885.

STATI	ECCEDENZA DELLE NASCITE SULLE MORTI				EMIGRAZIONE PER PAESI NON EUROPEI			
	1882	1883	1884	1885	1882	1883	1884	1885
Italia....................	9,62	9,64	12,08	11,54	2,38	2,45	2,05	2,69
Francia..................	2,59	2,58	2,11	2,32	0,13	0,11	0,16	0,16
Inghilterra e Galles..........	14,29	12,93	14,07	13,50	6,17	6,84	5,44	4,59
Scozia..................	14,21	12,57	14,09	13,18	8,52	8,14	5,60	5,47
Irlanda.................	6,66	4,30	6,31	5,11	16,50	21,08	14,62	12,50
Germania...............	11,52	10,76	11,03	–	4,25	3,62	3,10	2,22
Austria Cisleit.............	8,43	8,13	9,41	–	0,35	0,33	0,32	–
Svizzera................	6,91	8,04	8,01	–	3,79	4,41	3,09	–
Svezia..................	12,01	10,66	–	–	9,75	5,66	3,89	3,90
Norvegia................	12,56	13,95	14,64	–	15,04	11,60	7,71	7,24
Danimarca..............	13,24	13,48	15,16	–	5,78	4,13	3,11	2,10

Di maniera che l'Italia, per l'eccedenza delle nascite sulle morti, sta sopra la Francia, l'Irlanda, la Svizzera e l'Austria; e pel numero degli emigranti, sta sotto il Regno Unito, la Svezia, la Norvegia, la Germania, la Danimarca, la Svizzera e sopra soltanto l'Austria e la Francia. Se adunque gli Stati d'Europa più fiorenti, come la Germania e l'Inghilterra, la Svizzera e la Danimarca, hanno una emigrazione maggiore dell'Italia, e non cercano in verun modo di raffrenarla, perchè si vorrebbe in Italia impedirne l'incremento, quasi fosse un danno della pubblica prosperità? Così ragionano i patroni della libera emigrazione.

IX.

Non vogliamo entrare nel problema dei diritti che possegga un Governo, di mettere qualche remora all'emigrazione, quando esso da una parte compia i doveri suoi di giustizia e di carità verso il popolo governato, ed il popolo, per un'altra parte, corra rischio di rimanere illuso e deluso dagli interessati apostoli dell'emigrazione, e l'utile comune del paese abbia a sperimentarne gravose conseguenze. Ma certo non crediamo in tutto accettabile la ragione delle cifre e dell'esempio di altri Stati, per prova che l'emigrazione punto non danneggia l'Italia.

Le condizioni agricole della Germania, del Regno Unito e della Scandinavia non sono da compararsi a quelle dell'Italia. Niuno dirà. mai, che noi abbiamo un soverchio di braccia, per la coltura delle terre nostre. Oltre che queste sono capaci di non determinabili miglioramenti, ne abbiamo, a miriadi di ettari, che aspettano ancora chi le coltivi e ne tragga frutti copiosissimi. Se il suolo dell'Italia fosse coltivato quanto ragionevolmente è lecito desiderare, e l'Italia sottostesse ad un Governo probo, savio, cristiano e sollecito del bene universale, non dubitiamo di asserire che otto e più milioni di abitanti, sopra i quasi trenta che la popolano, vi potrebbero vivere, senza niuna necessità di andare altrove a procurarsi il sostentamento.

Secondo il *Mulhall's Dictionary of Statics,* fra il 1871 e il 1881, la Penisola nostra si è spopolata di 1.140.000 persone, emigrate fuori d'Europa: cifra che, sino al corrente 1888, si può dire aumentata di altre 800.000; poichè correnti gli anni 1876-1886, sono passati nelle due Americhe. da circa 540 italiani, non computando quelli che in altre regioni son trasmigrati. Or chi avrà fronte di affermare che questi 2.000.000 e più d'Italiani fossero esuberanti alla nazione, ed inutili al materiale vantaggio della sua agricoltura? Chi potrà sostenere che esuberanti ed inutili fossero gli 82.283, che nel solo primo trimestre di quest'anno 1888, secondo le recentissime statistiche, sono trasmigrati dalla Italia? E si osservi il doloroso progresso di quest'esodo: chè nel corrispondente trimestre dell'anno 1887, non ne erano trasmigrati se non 59.678.

Il paragone poi fra l'Italia e i suddetti paesi non tiene; poichè la floridezza e fertilità della nostra terra non ha nulla che fare con la terra loro. La Gran Bretagna, la Germania e le contrade scandinave campano in gran parte d'industrie meccaniche: l'Italia invece riceve dalla natura, dentro di sè, i prodotti coi quali può agiatamente campare; né ha mestieri, per questo effetto, di farsi venir da fuori materie prime, che debba poi trasformare coll'arte e colle macchine, e rimandar via per guadagno. I sopradetti paesi scaricano in altri luoghi la popolazione, che di fatto sovrabbonda alla interna possibilità dell'alimentazione: ma l'Italia, se non fosse impoverita dalla insipienza o dalla voracità di chi la ruina, avrebbe di che alimentare un quarto più degli abitanti suoi.

Senza che l'eccessiva emigrazione di alcune province italiane, se dura così com'è avviata, finirà collo spopolarle miseramente. La densità della Lombardia e del Veneto non è uguale a quella della Basilicata e di Salerno. Il Nutti, parlando dell' Irlanda, scrive che la sua non è una emigrazione, ma un'amputazione[9]; tanto eccede la giusta misura! Ma non si avrà a dir tale l'emigrazione di quelle due province, le quali, con una popolazione complessiva di 1.074.661 anime, danno ai paesi non europei più di un terzo di quanto lor dà il Piemonte, popolato di 8.070.250 anime? Di fatto quelle due province insieme ne diedero 15.871 nel 1885, anno in cui il Piemonte ne diede soltanto 10.973; e nel 1886 ne diedero 18.448, ovechè il Piemonte ne diede non più di 11.102, L'ultima relazione del De Zerbi fa conoscere che, dove dall'Irlanda, nel più recente decennio, è emigrato il 17 per mille, dalla Basilicata invece è partito per l'America niente meno che il 23 per mille. E non s'ha a

9. Op. cit. pag. 17.

dire codesta una vera amputazione? Di questo passo, indi a non molto, la metà di quei popoli si sarà trasferita in America, con quel vantaggio economico delle due province e del resto d'Italia, che si lascia pensare ai lettori.

Da ultimo vi è un rispetto che chiameremo nazionale, morale e religioso e pur merita di esser tenuto in conto. Gli altri paesi d'ordinario posseggono colonie loro, nelle quali gli emigranti passano a vivere come in un'appendice della patria. Così è degli Inglesi, dei Francesi, degli Olandesi ed ora altresì in qualche grado dei Tedeschi; ma gli emigranti Italiani approdano in regioni straniere, dove restano sempre stranieri. Nè Governo, nè leggi, nè lingua, nè usanze rammentan loro il bel paese nativo, d'onde arrivano profughi in cerca del pane. S'imbatteranno sì, in altri loro connazionali, anche numerosi, come nelle Repubbliche Platensi: ma alla fin dei conti saranno sempre stranieri e soggetti a straniero reggimento. Di qui, in pressochè tutti i paesi dell'America, dopo la prima o al più la seconda generazione, la degenerazione delle famiglie, che pian piano si mescolano, si confondono e s'immedesimano cogli abitatori di quelle contrade; e la perdita della lingua e quella della italianità, in ogni altra appartenenza della vita; e troppo spesso ancora quella della religione dei loro padri.

Ed ecco come la emigrazione diventi, per questo capo, lamentabile a chi ha senso di carità patria, di fede e di italica gentilezza. L'Italia della Rivoluzione, che ha sciupate migliaia e migliaia di milioni in imprese profittevoli unicamente agli ingordi, in quasi trent'anni di libero dispotismo, non è giunta a procurare un territorio oltremarino, che potesse ricoverare Italiani emigranti, e darvi principio ad una colonia veramente nazionale. Ha fatto acquisto sì della baia di Assab e si è impadronita di Massaua, a costo di molte vite e di tesori ingenti. Ma in quelle aride sabbie, nelle quali la naturale umanità vieterebbe di trasportare i condannati al remo, non sarebbe degno posto se non per coloro che, in sei lustri di Governo, hanno ridotta la povera Italia ad essere quella che è, favola delle genti.

FRANCESCA SAVERIO CABRINI
E I MIGRANTI ITALIANI

GianPaolo Salvini S.I.

Nel 2017 ricorreva il centenario della morte di santa Francesca Saverio Cabrini, morta il 22 dicembre 1917 a Chicago, nella sua patria di adozione, tanto da diventare la prima santa cittadina statunitense a essere canonizzata.

L'Ottocento fu un secolo di eccezionale fermento religioso e missionario, e vide la nascita di innumerevoli congregazioni missionarie maschili e femminili. La Cabrini ne fu una delle protagoniste e la sua figura rimane tuttora viva ed emblematica, insieme al carisma di cui fu portatrice, perché si dedicò, in un contesto differente, ai migranti, problema molto attuale a livello mondiale e ben presente anche nell'Italia di oggi. La Cabrini è, del resto, anche la patrona dei migranti.

Numerose sono state le celebrazioni, le manifestazioni e le pubblicazioni, recenti e meno recenti[1], a lei dedicate. Più volte, in passato, se ne è occupata anche la nostra rivista. Papa Francesco, assai sensibile al problema delle migrazioni, ha inviato una sua Lettera[2]

---

1. Cfr, ad esempio, R. SCAVINO, *Santa Francesca Cabrini e l'emigrazione italiana in America*, Savigliano (Cn), L'Artistica Editrice, 2005, 245; S. GALILEA, *La potenza e la fragilità. Vita di santa Francesca Saverio Cabrini, fondatrice delle Missionarie del Sacro Cuore di Gesù e patrona degli emigranti*, Brescia, Queriniana, 1993. Un volume più recente e particolarmente attento a delineare il carattere pionieristico e innovatore della Cabrini – sempre gelosa dell'autonomia della sua congregazione, anche rispetto alle congregazioni maschili, ma sempre inserita a pieno diritto nelle Chiese locali, in piena sintonia con la Santa Sede – è L. SCARAFFIA, *Tra terra e cielo. Vita di Francesca Cabrini*. Prefazione di papa Francesco, Venezia, Marsilio, 2017, 208. Per la sua spiritualità, cfr particolarmente M. R. CANALE, *La gloria del Cuore di Gesù nella spiritualità di Francesca Saverio Cabrini*, Roma, Centro Cabriniano, 2017. Da queste opere, e da altre sulla Cabrini, abbiamo attinto il materiale usato per questo articolo.

2. Testo in w2.vatican.va/ e anche «Lettera di Papa Francesco alle missionarie del Sacro Cuore di Gesù», in *Oss. Rom.*, 20 settembre 2017, 8. Parole analoghe il Papa ha rivolto alle suore cabriniane, ricevendole in Vaticano il 9 dicembre 2017, in

---

all'Assemblea generale delle Missionarie del Sacro Cuore di Gesù (la congregazione fondata dalla Cabrini), che si è tenuta a Chicago dal 17 al 23 settembre 2017.

Nella Lettera, papa Francesco ricorda l'attualità del carisma e del messaggio della Cabrini, e la sua novità di inviare in tutto il mondo donne consacrate, non come ausiliari di ordini o istituti religiosi missionari maschili, ma con un proprio carisma di consacrazione femminile, aperto come orizzonte a tutto il mondo. In particolare, sottolinea «l'attenzione di Francesca Saverio Cabrini per quelle che oggi chiameremmo le periferie della storia: ad esempio, un anno dopo un crudele linciaggio di italiani, accusati di aver ucciso il capo della polizia di New Orleans, in Louisiana, Madre Cabrini vi aprì una casa nel quartiere italiano più malfamato». E prosegue: «Gli odierni spostamenti epocali di popolazioni, con le tensioni che inevitabilmente si generano, fanno di Madre Cabrini una figura singolarmente attuale».

La vita e la fondazione dell'Istituto

Francesca Cabrini nasce a Sant'Angelo Lodigiano, centro agricolo in riva al Lambro, in provincia di Lodi, il 15 luglio 1850. Nasce prematura, gracile e delicata, tanto che viene battezzata lo stesso giorno, e più volte, anche in seguito, si temerà per la sua vita. Il papà Agostino è cugino di Agostino Depretis, uomo politico, che sarà anche presidente del Consiglio fino alla sua morte (29 luglio 1887). La mamma, Stella Oldini, è parente dei Brera, famiglia della ricca borghesia industriale lombarda. La famiglia, come tutto il paese, è caratterizzata dalla contrapposizione tra cattolici e liberali, più favorevoli alla laicizzazione dello Stato.

Francesca è la penultima di undici figli, dei quali solo quattro sopravvivranno. I genitori muoiono nel 1870. La sorella Rosa, maggiore di 15 anni, che si era sempre occupata della sorellina, diventa allora la «mamma» di Francesca, che nel frattempo è diventata maestra, dopo aver frequentato come interna la scuola delle Figlie del

occasione del centenario della morte della loro fondatrice. Testo in *Oss. Rom.*, 9-10 dicembre 2017, 8.

Sacro Cuore ad Arluno (situata tra Milano e Novara) e aver sostenuto l'esame di licenza a Lodi.

Avendo apprezzato la vita delle suore di Arluno, vivendo nel convitto a contatto con loro, Francesca desidera farsi suora, ma non viene accettata, forse a causa della salute precaria. La superiora, probabilmente per addolcire il rifiuto, le dice: «Tu sei chiamata a fondare un altro istituto, che porti gloria al Cuore di Gesù». Inutile dire che in seguito la frase verrà poi interpretata come una profezia.

Uguale rifiuto Francesca riceve anche dalle suore canossiane. In ogni caso, viene guidata e accompagnata per molti anni da sacerdoti e parroci del Lodigiano, saggi e dotati di solida spiritualità. Pur dedicandosi con passione alla scuola, la Cabrini continua a coltivare il sogno di andare in missione, e in particolare in Cina, su cui ha ascoltato sin da bambina molti racconti di missionari, specialmente per quanto riguardava le bambine orfane e abbandonate, a cui vorrebbe dedicarsi.

Gli anni della scuola furono per Francesca un valido rodaggio per farsi apprezzare anche come insegnante e come persona capace di trattare con la gente, superando la sua innata riservatezza. Carlo Zanardi, sindaco di Vidardo, paese a pochi chilometri da Sant'Angelo Lodigiano, dove Francesca insegnava, ignorando la legge piemontese in vigore (legge Casati), che prevedeva le lezioni di religione, si oppose al suo insegnamento del catechismo in classe, ma ella seppe far valere le proprie ragioni, e riuscì a convincere il sindaco, che diventò suo sostenitore e cattolico praticante.

Il nuovo parroco, mons. Antonio Serrani, al suo ingresso in parrocchia a Codogno trovò un orfanotrofio (la «Casa della Provvidenza»), fondato e diretto da due benefattrici generose, ma non adatte alla vita religiosa né alla gestione dell'istituto. Pensò così alla Cabrini, che aveva conosciuto a Vidardo e che, pur attirata sempre dalle missioni, accettò in spirito di obbedienza «a titolo provvisorio». Ma la situazione non migliorò. Francesca vi restò sei anni. Vi emise la professione religiosa (aggiungendo al proprio nome quello di Saverio, in omaggio al grande missionario gesuita Francesco, di cui conservò la dizione al maschile) e venne nominata superiora. Però il dissidio con le due fondatrici si aggravò, persino con umiliazioni e percosse, sinché il vescovo di Lodi, mons. Gelmini, chiuse l'istituto. In quell'occasione egli le dichiarò: «Tu vuoi farti missionaria. Adesso è maturato il tempo: io non conosco Istituti missionari; fondane uno tu».

Rinunciando al compito rivelatosi impossibile di riformare la «Casa della Provvidenza», la Cabrini trova una nuova sede a Codogno, in un antico convento francescano, secolarizzato al tempo di Napoleone, adiacente alla chiesa di Santa Maria delle Grazie, che lei considererà sempre la vera «fondatrice» dell'istituto. Nel 1880 Francesca vi si trasferisce con sette consorelle della «Casa della Provvidenza», e con loro, come farà sempre anche in seguito, si dedica al lavoro materiale, maneggiando calce e mattoni, per sistemare la casa, che manca di tutto. Le orfanelle della casa precedente vengono anch'esse trasferite nella nuova sede. Vi viene aperta anche una scuola, a cui molte famiglie iscrivono le loro figlie.

In quella casa, il 14 novembre 1880, nacque l'istituto delle Salesiane Missionarie del Sacro Cuore di Gesù. Il nome di «salesiane» venne aggiunto in onore di san Francesco di Sales, patrono delle missioni, ma fu successivamente eliminato, per non creare confusione con i «salesiani», fondati da don Bosco alcuni anni prima. La Cabrini ottenne di poter mantenere l'aggettivo «missionarie», a cui tanto teneva, ma che vari prelati, anche vaticani, giudicavano inadatto a una congregazione femminile. La fondatrice dovette spiegare le proprie ragioni all'assessore e a vari monsignori del Sant'Uffizio, riuscendo a convincerli. Insistendo sull'aggettivo, Francesca pensava infatti a suore che viaggiassero per tutto il mondo, affrontando continenti sconosciuti, per portare l'annuncio del Vangelo, proprio come sino allora avevano fatto i missionari uomini. Per quanto riguarda la qualifica «missionarie», esistevano già in Francia, dal 1877, le missionarie francescane di Maria. Francesca però rifiutò l'offerta del vescovo di occuparsi della riforma di alcuni istituti della diocesi. Questo progetto avrebbe bloccato i progetti missionari di Francesca, che voleva un istituto non condizionato da altri incarichi.

La Cabrini scrive rapidamente, dopo il 1880, la Regola del nuovo istituto, analoga per i tre voti a quella delle altre congregazioni femminili, ma caratterizzata dalla devozione al Sacro Cuore (in tutte le case da lei fondate, sull'altare della cappella ne viene posta l'immagine). La Regola non prescrive alcuna delle penitenze molto in voga all'epoca perché praticate quasi per imitare o «completare» la passione di Gesù, offrendo un'«ammenda onorevole» per le offese da lui subite. Invece del sacrificio redentore, realizzato con la ricerca della sofferenza, le sue suore si propongono di riscattare con il proprio lavoro il bene dal male, individuando in questo il compito dell'uomo e della donna nella storia, a imitazione di Gesù, seguendo la migliore teologia dell'epoca. Il magistero, del resto, non era mai stato troppo favorevole alle esagerazioni penitenziali.

La Cabrini unisce l'inclinazione mistica, sempre molto forte in lei, all'inclinazione attiva, altrettanto marcata. Inculca nelle sue suore uno spirito di sacrificio senza riserve. Le uniche penitenze prescritte sono quelle della povertà e dell'obbedienza, che si concretano nel servizio ai poveri e agli ultimi, bisognosi di tutto. Viene così trasformata la stessa devozione al Sacro Cuore, che nell'Ottocento aveva assunto una connotazione anche politica, per restaurare la regalità di Cristo minacciata dalla Rivoluzione francese e dalle idee da essa diffuse[3].

Vengono invece prescritte due ore di preghiera al mattino e altre due la sera, oltre a un'ora di meditazione quotidiana. La Cabrini non rinunciò mai a insistere su un'intensa vita di preghiera per le sue figlie: preghiera che alimentasse e motivasse l'attività apostolica. Scopo dell'istituto era l'educazione della gioventù, l'educazione degli educatori, la preparazione della donna alle responsabilità della società moderna, la creazione di scuole, orfanotrofi e missioni estere.

Sono queste le idee ispiratrici che la Santa non sviluppò mai in forma teorica e sistematica, ma che si evincono facilmente dalla Regola e dalla sua corrispondenza con le suore sparse in ogni parte del mondo e con le quali lei si manteneva in contatto continuo. La Regola venne approvata nel 1883 dal vescovo di Lodi come «congregazione diocesana».

Seguì l'apertura di una casa a Grumello (Cr) (uscendo così dalla diocesi di Lodi), poi di un'altra a Milano e di un'altra a Casalpusterlengo (Lo) (scuola popolare e materna), la cui prima superiora, suor Maddalena Savaré, sarà una delle maggiori collaboratrici della Cabrini per molti anni.

3.   A questo proposito, cfr le osservazioni relative in L. SCARAFFIA, *Tra terra e cielo...*, cit., 86-99.

Le missioni estere

Ma Francesca Saverio pensa in grande e alle missioni. Decide perciò di ottenere l'approvazione della Santa Sede per l'istituto, per allargarne gli orizzonti e per avere l'autorizzazione ad aprire missioni all'estero. Tuttavia i vescovi e il clero lombardi non sono favorevoli, preferendo che l'attività delle suore rimanga limitata all'ambito diocesano, o al massimo lombardo, anche per non perdere preziose collaboratrici. La Cabrini però non si lascerà mai scoraggiare. Così nel 1887, in compagnia di una suora, si reca a Roma, dove non conosce nessuno. Le due suore vengono ospitate dalle suore francescane Missionarie di Maria.

Un primo incontro con il cardinale vicario Parocchi è deludente, lasciando le due suore in lacrime: il porporato, vista la totale mancanza di mezzi delle suore, consiglia loro di tornare a Codogno, rinunciando a fondare una scuola a Roma, con l'intenzione di farne la futura casa generalizia. Ma in un secondo incontro, dopo il mutato parere dell'arcivescovo di Milano, il cardinale cambia opinione e mette a disposizione delle suore una casa in via Nomentana, per aprire una scuola popolare e un asilo a Casperia, in Sabina.

Francesca incontra poi Leone XIII, che, con la sua sensibilità sociale, diventerà uno dei principali sostenitori delle sue opere. La Regola viene approvata, con decreto della Santa Sede e del dicastero competente, il 12 marzo 1888. La Cabrini rivede a Roma anche mons. Giovanni Battista Scalabrini, vescovo di Piacenza, che successivamente si occuperà – come pochi altri – dei migranti italiani e che nel 1888 invia a New York (in quella che diventerà la *Little Italy* degli emigranti italiani), secondo i desideri del Papa, alcuni dei suoi missionari di San Carlo (i futuri padri scalabriniani), e invita Francesca ad associarsi a questa missione.

Mons. Scalabrini ha intuìto le capacità di quella suora fragile e sofferente e pensa che lei possa istituire il ramo femminile dei suoi missionari di San Carlo. Ma la Cabrini non ha ancora rinunciato all'idea della Cina e non intende rinunciare all'autonomia del proprio istituto; chiede perciò tempo per decidere. Mons. Scalabrini però ha già telegrafato a New York, annunciando l'arrivo delle suore.

Francesca vuole invece che sia il Papa a decidere. Ne parla allora con Leone XIII, il quale, dopo averla ascoltata, le dice di pensare «non all'Oriente, ma all'Occidente», in particolare agli Stati Uniti, che hanno enormi necessità e possibilità e costituiscono un immenso campo di lavoro. Francesca decide di accettare; cerca però di guadagnare tempo per le necessità organizzative, ma tutti le fanno fretta (anche a Roma!). Parte dunque per New York, con le prime sei suore, il 23 marzo 1889, imbarcandosi a Le Havre, dopo averla raggiunta in treno.

Il distacco dalle case italiane è doloroso, anche perché sono case in buona parte ancora appena avviate e senza risorse, alle quali sinora ha provveduto Francesca con la sua capacità di raccogliere i fondi necessari. A New York le suore vengono accolte cordialmente dai padri scalabriniani.

Gli emigrati italiani in America

Francesca aveva sempre pensato alle missioni – e, come si è detto, in particolare alla Cina –, ma senza progettare un apostolato determinato, prima di conoscere mons. Scalabrini e ascoltare l'invito di Leone XIII. Adesso parte con una destinazione precisa: i migranti italiani.

È l'epoca in cui il flusso dei migranti italiani nelle due Americhe comincia a crescere, per poi diventare imponente (un milione di migranti dalla Penisola in un solo anno, ai primi del Novecento). Sono persone povere, che devono emigrare a causa della miseria e della disoccupazione, provenienti per lo più dalle campagne: sono in grande maggioranza contadini. Molti partono perciò pieni di risentimento verso la patria, che li obbliga ad andarsene e li abbandona al loro destino. Poche voci li difendono. In Parlamento viene letta la lettera di un emigrato veneto, che scrive: «Siamo qui come bestie: viviamo e moriamo senza preti, senza maestri e senza medicine».

Gli altri Paesi tutelano i loro migranti, assistendoli nei porti sia d'imbarco sia di arrivo, anche perché non perdano il legame con la patria di origine. In Italia invece essi vengono visti solo come un affare, perché inviano le rimesse in patria e attenuano le pressioni sul mercato del lavoro. Le compagnie straniere di reclutamento arruolano la manodopera, promettendo facili e lauti guadagni. Ma la realtà è diversa: gli italiani negli Stati Uniti sono sfruttati e soggetti a vessazioni.

Gli italiani faticano a integrarsi, anche perché molti sperano di tornare presto in patria. Ma sono anche divisi tra loro. Molti sono analfabeti, parlano solo i dialetti della regione di origine e hanno usanze differenti. Sono condannati ai lavori più umili e faticosi. Non sanno quasi nulla della religione, e sono senza sacerdoti che parlino l'italiano. La loro ignoranza religiosa scandalizza persino i non cattolici.

I sacerdoti, e mons. Scalabrini in particolare, vedono anche il lato positivo dell'emigrazione, per una maggiore unione tra i popoli, a patto che sia sostenuta dalla Chiesa e dalle istituzioni. Tuttavia inizialmente l'opera della Chiesa, che è la prima a muoversi, non viene appoggiata dal governo italiano, anticlericale e incline a vedere nei cattolici degli avversari che difendono gli interessi del Papa, che ha appena perso il suo Stato a beneficio dell'unità nazionale.

Anche per la Cabrini il riscatto degli italiani deve partire da un minimo di condizioni umane di vita, dall'istruzione (e quindi dalle scuole) e dalle radici religiose, che mantengono vivo il legame con la patria di origine. Tutte cose che consentiranno ai migranti di integrarsi nella società americana, di cui devono imparare la lingua e comprendere lo spirito e la cultura. Le suore dovranno dare il buon esempio, imparando l'inglese, ma continuando per i primi anni a pregare in comunità in italiano, per non dimenticare anch'esse la patria, di cui devono mantenere la cultura e i valori. Occorre unire i valori italiani con quelli americani.

In questo mondo sconosciuto arriva Francesca con le sue consorelle.

Gli Stati Uniti

L'arcivescovo di New York, mons. Corrigan, ha ricevuto da una contessa americana di origine italiana, Mary Reid Palma di Cesnola, cospicue offerte per aprire un orfanotrofio. Ma la casa da lei scelta è situata nella zona nobile della città (la 49ª strada), perché la benefattrice è convinta che l'opera possa prosperare solo se sostenuta dall'alta società. L'arcivescovo invece teme che il quartiere non accolga volentieri ospiti povere, come sono le orfanelle italiane, e rifiuta il suo appoggio. Ma quando cerca di bloccare la partenza delle suore dall'Italia è troppo tardi, perché sono già nell'Atlantico.

Così, quando riceve la Cabrini e le sei suore che l'accompagnano, dice loro di tornare in Italia con lo stesso piroscafo con cui sono partite. Francesca è esterrefatta, ma è già abituata alle difficoltà, e risponde: «Tornare in Italia? Questo no, Eccellenza. Io sono qui per ordine della Santa Sede e qui devo restare». Quando l'arcivescovo legge la lettera del card. Simeoni, prefetto di *Propaganda Fide*, presentatagli da Francesca, non obietta più, limitandosi a dire: «Si fermi pure, ma lasci perdere l'orfanotrofio e pensi solo alle scuole».

Comincia così per Francesca una serie di attività, appoggiandosi a una chiesa e curando i bambini che la frequentano. Ma lei si rende conto che non basta avere la chiesa: occorrono asili, scuole, ospedali, e farsi carico anche delle necessità materiali degli immigrati. Occorre risollevare il prestigio dell'Italia, per far rispettare gli immigrati. I bambini e le bambine vanno lavati e rivestiti per essere presentabili.

Francesca rivela le sue grandi doti organizzative nella raccolta di fondi. Il suo motto è la frase di san Paolo: «Tutto posso in colui che mi dà forza», e la sua instancabile attività appare ai migranti irresistibile ed efficace. La stampa e le autorità cominciano a interessarsene e ad apprezzare il lavoro da lei svolto. Giungono richieste di nuove case e l'offerta di un ospedale italiano.

Francesca però non ha suore sufficienti per le continue richieste che arrivano di nuove case sia in Italia sia all'estero. Rifiuta, invece, di collaborare con un ospedale degli scalabriniani, temendo di compromettere l'indipendenza della sua congregazione e perché giudica inadeguata l'amministrazione degli scalabriniani. Arriva anche l'offerta di una casa in Nicaragua, che potrebbe diventare una testa di ponte per pensare poi all'America meridionale: Brasile, Argentina, dove gli immigrati italiani sono già molto numerosi.

Nel 1890 la Cabrini torna in Italia per un anno, apre nuove case e trova le risorse per istituire un pensionato (con venti posti gratuiti) per le alunne del Magistero. Occorre ricordare che Francesca riusciva a mobilitare benefattori e amici potenti, ma fondamentale era il lavoro – sia manuale sia organizzativo – compiuto dalle suore, con un ritmo instancabile. Il mondo della scuola infatti rimase sempre al centro delle preoccupazioni della Cabrini, e le future insegnanti in qualche modo rimasero sempre le sue predilette.

Anche dall'America, durante la Grande Guerra, farà arrivare buste di denaro con la dicitura: «Per comperare dei dolci alle signorine del Magistero». Anche la casa romana di via Nomentana è ormai insufficiente, e la Cabrini trova una sede più ampia per il collegio in via Montebello. Nel 1890 il fratello Giovanni Battista emigra in Argentina. Francesca gli scrive: «Chissà che fra qualche anno io non arrivi anche fin lì». Effettivamente nel 1895 lei arriverà in Argentina, ma incontrerà il fratello solo nel 1901, a Rosario.

Le viene offerto a buon prezzo – «solo» 15.000 dollari – l'acquisto di un'ampia proprietà sulle rive del fiume Hudson, dove i gesuiti hanno il proprio noviziato, con fattoria, vigneti e animali. La Cabrini autorizza l'acquisto e trova i benefattori necessari per quella che continuerà a chiamarsi «Manresa», come il primo luogo di ritiro di sant'Ignazio di Loyola.

È poi un susseguirsi di nuove iniziative e di nuove missioni, di cui daremo solo cenni, dato che gli esempi già fatti sono sufficienti per mostrare le difficoltà che Francesca e le sue compagne hanno dovuto affrontare per ogni nuova «avventura».

Nell'agosto 1891 la Cabrini riparte per l'America con 28 compagne: 14 destinate alle case di New York e 14 alla nuova missione in Nicaragua. Una spedizione di suore così numerosa mette in fermento la città, che organizza un'apposita festa. Anche il clero americano comincia ad avere meno diffidenza verso gli italiani, e vari sacerdoti si mobilitano per aiutare le suore e le loro opere.

La Cabrini è sempre entusiasta dei paesaggi che vede e che descrive alle consorelle rimaste in patria[4]. Mentre le altre suore soffri-

---

4.   La Cabrini scriveva a tutte le sorelle delle varie case, parlando dei propri viaggi, con una prosa semplice, ma efficace. Cercò sempre di dare notizie confortanti, sorvolando in genere sulle innumerevoli difficoltà che incontrava a ogni nuova iniziativa. Giuseppe De Luca definì il suo stile «moderno, secco e ironico, senza infiocchettature». Sono pagine scritte in fretta, spesso sulla tolda delle navi, a matita, perché l'inchiostro non si rovesciasse durante la navigazione. La lettura – anche ad alta voce – di queste descrizioni contribuirono non poco alla formazione e all'entusiasmo delle sue suore. I suoi racconti dei viaggi sono stati pubblicati (e ripubblicati

vano quasi sempre di mal di mare, rimanendo confinate e doloranti in cabina, lei sentiva rifiorire la sua salute al contatto della brezza marina e passava le giornate sulla tolda delle navi.

Nell'ottobre 1891 Francesca parte da Manhattan per il Nicaragua, con 14 suore, diretta in piroscafo a Panama (che allora faceva ancora parte della Colombia), incappando in un uragano che fa rischiare il naufragio. Da Colón, sulla costa atlantica, le suore passano in ferrovia a Panama, sul Pacifico, da dove proseguono per nave fino al porto di Corinto, e da lì alla capitale nicaraguense Managua. L'accoglienza è calorosa, non solo da parte della benefattrice che ha donato la futura scuola, ma anche del Paese, che però, come quelli vicini, è notoriamente instabile dal punto di vista politico.

La Cabrini è poi allarmata per la licenziosità dei costumi e per il numero dei bambini illegittimi. Le domestiche della scuola servono la cena a seno nudo, e Francesca, scandalizzando la benefattrice, sospende la cena, finché esse non si sono rivestite «decentemente». Decide di non accogliere a scuola i figli illegittimi, suscitando proteste anche violente, ma lei non cede, e così molte unioni vengono messe in regola, con grande soddisfazione anche delle donne interessate.

Dopo aver avviato la missione in Nicaragua, Francesca riparte alla volta degli Stati Uniti, percorrendo una strada più diretta di quella seguita all'andata, che la porta a transitare per New Orleans, in Louisiana, dove si sta costituendo una grossa comunità italiana, soprattutto di meridionali, molto malvisti, insieme ai neri. Il 15 marzo 1891, 11 italiani – tutti siciliani –, accusati di un delitto non commesso, vengono assolti dal tribunale, ma poi linciati dalla folla inferocita. Il governo italiano ritira il proprio ambasciatore. Il presidente americano si scusa, il Congresso stanzia un notevole indennizzo, e si ristabiliscono le relazioni.

Ma quando la Cabrini arriva a New Orleans, il clima è ancora rovente, e altri linciaggi si susseguiranno negli anni successivi. Francesca si incontra con l'arcivescovo Janssens e con l'unico sacerdote presente in città, uno scalabriniano inviato da mons. Scalabrini stesso

anche recentemente) in FRANCESCA SAVERIO CABRINI, s., *Tra un'onda e l'altra. Relazioni di viaggio di Madre Francesca Saverio Cabrini*, Roma, Centro Cabriniano, 2012.

153

all'inizio dei disordini. Francesca promette di aprire una scuola e un orfanotrofio. Dopo la diffidenza iniziale, le sette suore che lei fa arrivare in città diventano molto popolari, e gli italiani sentono di non essere più soli. I bambini, lavati, curati e istruiti, si guadagnano anche il rispetto della popolazione locale, insieme alle famiglie.

A New York la Cabrini accetta anche di fondare un nuovo ospedale italiano, il *Columbus Hospital*, sebbene si tratti di una finalità estranea all'istituto, che non ne ha la competenza necessaria. Sarà il primo di una lunga serie di ospedali.

Di nuovo in Italia

Nel 1892 Francesca rientra in Italia. Dopo 12 anni di vita, la Congregazione ha 14 case, 200 suore e molte novizie che assicurano il futuro dell'istituto. La Cabrini varca 24 volte l'Oceano per recarsi nelle Americhe.

Negli anni seguenti verranno aperte, nei vari continenti, nuove case e scuole, di cui ci limitiamo a dare in nota l'elenco delle più importanti[5], solo per mostrare il dinamismo della Cabrini e la sua prodigiosa capacità di organizzare, reperire benefattori e fondi e di mobilitare le autorità competenti[6]. In Cina, il Paese dei primi sogni missionari di Francesca, le sue suore arriveranno soltanto nel 1926, cioè quasi 10 anni dopo la sua morte.

5. La Cabrini fondò in pochi anni case a Brooklyn (New York), Montecompatri (Roma), Genova, Roma, Panama (dove si trasferirono le suore espulse dal Nicaragua dopo un colpo di Stato), Buenos Aires, Parigi, New York, Chicago, Scranton (Pennsylvania), Newark (New Jersey), Long Beach (Louisiana), Neuilly -sur-Marne (Parigi), Madrid, Torino, San Raffaele Cimena (Torino), Città della Pieve e Marsciano (Perugia), Bilbao, Rosario e Mercedes (Argentina), Brokey (Londra), Denver (Colorado), Arlington (New Jersey), Chicago (ospedale *Columbus*), San Paolo (Brasile), Seattle (Washington), Burbank e Los Angeles (California), Des Planes (Illinois), Philadelphia (Pennsylvania), Dobbs Ferry (New York).
6. La Cabrini mostrerà anche un notevole talento come imprenditrice, lanciandosi in operazioni economiche che oggi il diritto canonico non consentirebbe ai sacerdoti: comprò una miniera in modo da assicurarsi un reddito dal suo sfruttamento per le proprie opere; consigliò alla superiora del Nicaragua di comprare terreni che, con la costruzione del canale, progettato in Nicaragua e successivamente realizzato a Panama, avrebbero acquistato molto valore. In genere si dimostrò un'eccellente amministratrice.

Gli ultimi anni

Durante la vita della Cabrini entrarono nell'istituto da lei fondato quasi 1.300 suore, specialmente nel periodo a cavallo tra l'Ottocento e il Novecento, cioè parallelamente al maggiore aumento dell'emigrazione italiana in America, arrestata poi dalla Prima guerra mondiale. Delle suore entrate in noviziato, 296 lasciarono la congregazione, perlopiù prima della vestizione e dei voti perpetui.

La maggior parte delle suore proveniva dall'Italia settentrionale (inizialmente dalla Lombardia), ma poi crebbe il numero delle meridionali – necessarie in missione anche perché capivano i dialetti del Sud, uniche lingue parlate da molti emigrati – e di quelle non italiane, specialmente italoamericane.

Le suore provenivano in maggioranza dalla media borghesia, commerciale e imprenditoriale, e Francesca favorì sempre quelle diplomate come maestre o insegnanti e che conoscevano le lingue e la musica. La scuola rimase sempre per lei il principale strumento di apostolato. Per molte delle suore si aprirono le porte a posti di responsabilità nelle scuole, negli ospedali, negli orfanotrofi ecc., che richiedevano capacità imprenditoriali (anche come capomastro!), sebbene non sempre esse sapessero mantenere il ritmo eccezionale della fondatrice.

Tra il 1904 e il 1905 la Cabrini dovette affrontare una contestazione interna, quando alcune suore di Roma le si opposero, giudicando troppo severe le regole sull'obbedienza, che per lei erano il cardine dell'istituto. Dopo l'intervento di un visitatore apostolico – l'allora superiore generale dei cappuccini –, l'autorità della Cabrini venne ristabilita, e le suore dissidenti l'accettarono, eccetto alcune che, con dolore di Francesca, lasciarono la Congregazione.

Nel 1909, durante un prolungato soggiorno negli Stati Uniti, Francesca chiese e ottenne la cittadinanza americana, cioè del suo Paese di adozione, di cui condivideva largamente i princìpi democratici e di uguaglianza sociale. Gli Stati Uniti erano anche il Paese in cui, nonostante le grandi difficoltà iniziali, gli emigrati avevano trovato maggiori possibilità di integrarsi, acquisendo una nuova identità senza perdere quella originale. Con questo gesto la Cabrini voleva mostrare simpatia per il Paese che l'aveva accolta, ma anche dare l'esempio agli italiani, spesso riluttanti a integrarsi pienamente e a chiedere la cittadinanza. Le suore seppero superare difficoltà e pregiudizi anticattolici e antitaliani, che portarono più volte a forme di persecuzione o di ostilità nei confronti delle loro scuole e ospedali.

Dal 1912 al 1917, cioè sino alla sua morte, madre Cabrini rimase negli Stati Uniti: la salute e poi la Guerra mondiale le impedirono il rientro in Italia. Passò gli ultimi mesi nel «suo» ospedale a Chicago, dove ricevette le visite del delegato apostolico negli Stati Uniti, mons. Bonzano, quella dell'arcivescovo di Chicago, Mundelein, e quella del futuro primo ministro italiano, Francesco Saverio Nitti (il quale avrebbe dichiarato, secondo un testimone, che la Cabrini avrebbe potuto essere un ottimo ministro degli esteri). Morì verso le 11 della sera del 22 dicembre 1917, assistita da madre Maria Antonietta Della Casa, italiana ma americana di adozione, a lungo direttrice degli ospedali di New York e Chicago, e destinata a succederle come superiora generale.

Venne beatificata da Pio XI nel 1938 e canonizzata da Pio XII nel 1946. Nel 1950 fu proclamata patrona dei migranti e nel 1952 il Comitato per l'Emigrazione di New York la proclama «la più illustre Emigrante Italiana del secolo».

Attualmente le suore cabriniane sono 306, distribuite in 16 Paesi dei 5 continenti. In occasione del centenario della morte della fondatrice, l'attuale superiora generale, madre Barbara Louise Staley, ha promesso al Papa di aprire a Roma un istituto per bambini e donne migranti, e uno in Uganda, presso la frontiera dove si affollano i profughi del Sud Sudan. Segno di un carisma che non muore, anche se non si tratta più di poveri emigranti italiani, ma dei nuovi migranti emarginati di oggi.

I RIFUGIATI IN LATERANO
AL TEMPO DELL'OCCUPAZIONE NAZISTA
DI ROMA

Giovanni Sale S.I.

Nei nove mesi in cui fu occupata dai tedeschi, cioè dall'8 settembre 1943 al 5 giugno 1944, in seguito all'armistizio firmato dal Governo italiano con gli anglo-americani e alla rottura di ogni intesa con l'ex-«alleato di ferro» nazista, Roma fu certamente la città italiana che subì maggiormente l'occupazione tedesca; fu quindi la più esposta ai rischi di possibili ritorsioni o rappresaglie da parte dell'occupante, come purtroppo la storia di quei lunghi e terribili mesi insegna. Roma fu il centro politico e strategico-militare della presenza tedesca in Italia: nel giro di poche settimane essa fu invasa da militari e funzionari del Terzo *Reich*.

Secondo le direttive inviate da Berlino, l'occupazione della «città del Papa» doveva essere condotta con moderazione e possibilmente con la collaborazione delle autorità vaticane. Infatti in una nota del *Diario delle consulte* della *Civiltà Cattolica* dell'11 ottobre 1943, Pio XII confidava al p. G. Martegani, direttore della rivista, che «finora le autorità tedesche occupanti si sono mostrate rispettose nei confronti della Santa Sede e gli istituti religiosi»[1]. Dalle fonti però, anche di parte ecclesiastica, sappiamo bene che in un primo momento Hitler era intenzionato a invadere il Vaticano e a prendere prigioniero il Papa, trasferendolo in un luogo sottoposto al controllo del *Reich*. Hitler, infatti, era convinto che il Pontefice fosse uno dei maggiori responsabili del voltafaccia dell'Italia nei confronti della Germania, dopo la caduta di Mussolini: egli sapeva che Pio XII non gli era amico e che sperava nella sconfitta del nazismo. Il genera-

---

1. ARCHIVIO DELLA CIVILTÀ CATTOLICA (ACC), *Fondo non ordinato*. Le successive citazioni del fondo della *Civiltà Cattolica* non verranno segnate in nota: si intendono segnalate come la presente.

le K. Wolff fu personalmente incaricato da Hitler di tale delicata missione. Egli, stando alla sua testimonianza, riuscì a convincere il *Führer*, a quel tempo fortemente risentito nei confronti del Papa, a rimandare a tempo opportuno la realizzazione di tale progetto: per il momento – gli era stato suggerito – sarebbe stato più vantaggioso avere la Chiesa e le autorità religiose, molto influenti in Italia, dalla parte degli occupanti; ciò avrebbe reso più facile la permanenza dei militari tedeschi in un Paese ostile. In ogni caso le autorità religiose, si pensava, sarebbero potute intervenire per pacificare gli animi e per tenere sotto controllo la popolazione civile.

Il Papa, pur essendo a conoscenza dei progetti di Hitler nei suoi confronti, per il bene della città di cui era pastore e che amava anche in quanto romano, cercò in tutti i modi di tenere relazioni formalmente ineccepibili, ma controllate, con i nuovi padroni dell'Urbe. Ciò avvenne anche dopo il *vulnus* inferto alla città eterna e all'autorità spirituale del Pontefice nella notte tra il 15 e il 16 ottobre con il rastrellamento di circa mille ebrei, i quali dopo qualche giorno furono avviati al campo di concentramento di Auschwitz[2]. Il Papa fu certamente colto di sorpresa dalla tempestività dell'operazione: egli non la denunciò al mondo, sapendo che ciò avrebbe reso impossibile, successivamente, qualsiasi suo intervento in favore degli ebrei, ma protestò, attraverso il Segretario di Stato, con l'ambasciatore tedesco presso il Vaticano, affermando che nel caso di un nuovo rastrellamento, la Santa Sede si sarebbe trovata nella «necessità di dire la sua parola di disapprovazione». Di fatto i rastrellamenti cessarono, e migliaia di ebrei (probabilmente quasi 10.000) ebbero la possibilità di sfuggire alla deportazione e quindi alla morte. Molti di essi, come è noto, furono accolti presso numerose case religiose, nei conventi e nelle parrocchie della città. Nonostante le difficoltà,

---

2. Su tale materia cfr F. COEN, *16 ottobre 1943. La grande razzia degli ebrei di Roma*, Firenze, Giuntina, 1993; R. KATZ, *Roma città aperta. Settembre 1943 - Giugno 1944*, Milano, Mondadori, 2003; S. ZUCCOTTI, *Il Vaticano e l'Olocausto in Italia*, Milano, Bruno Mondadori, 2000; M. IMPAGLIAZZO (ed.), *La resistenza silenziosa. Leggi razziali e occupazione nazista nella memoria degli ebrei di Roma*, Milano, Guerini, 1997; M. SARFATTI, *Gli ebrei nell'Italia fascista. Vicende, identità, persecuzione*, Torino, Einaudi, 2000.

il Papa continuò a lavorare per difendere la sua città e per garantirne l'approvvigionamento alimentare.

Tale fatto, a nostro avviso, è molto importante, eppure non è stato quasi mai tenuto in significativa considerazione dall'abbondante letteratura in materia: senza cibo non sarebbe stato possibile ospitare nei conventi e nelle parrocchie della città le migliaia di persone che vi erano nascoste. A tale riguardo una nota del Diario delle consulte del 1° novembre 1943 dice: «A proposito della città di Roma, il Santo Padre ha parlato delle trattative che sta svolgendo con entrambi i belligeranti per la sua incolumità: pel suo rispetto quale città aperta, e pel suo approvvigionamento [...]. Quanto alle relazioni con i tedeschi, finora non c'è nulla da lamentarsi, e le assicurazioni date varrebbero anche per l'avvenire. Contro la carestia che incombe minacciosa nei Paesi ove passa la guerra, il Santo Padre si è interessato presso i Paesi neutrali più ricchi di derrate per ottenere tempestivi aiuti». In quei terribili mesi di occupazione tedesca, il Papa, la Curia, gran parte dei preti, dei religiosi e soprattutto delle religiose si mobilitarono – come ora risulta chiaramente documentato dal recente libro dello storico Andrea Riccardi *L'inverno più lungo*[3]– per aiutare concretamente tutti quelli che, per diversi motivi (politici, razziali o di renitenza alla leva), si trovavano in pericolo di vita, a prescindere dalla religione che professavano. La situazione era di assoluta emergenza sotto il profilo umanitario, e la Chiesa non poteva non farsi carico di tanti casi pietosi che le venivano presentati. Dopo il rastrellamento del 16 ottobre, infatti, gran parte delle case religiose di Roma si riempirono di ebrei, a partire da quelle più vicine al ghetto, il luogo cioè dove erano state compiute le razzie e il rastrellamento. Senza che venisse meno la tradizionale «neutralità» della Santa Sede tra le parti belligeranti si diede positiva risposta alla massiccia richiesta di asilo-ospitalità da parte di ufficiali badogliani, politici antifascisti, giovani renitenti alla leva e naturalmente tantissimi ebrei, insistentemente ricercati dagli occupanti. Per un Papa abituato alla diplomazia, alla correttezza dei rapporti e al rispetto della parola data, non fu certamente facile superare alcune antinomie e difficol-

---

3.   Cfr A. RICCARDI, *L'inverno più lungo. 1943-44: Pio XII, gli ebrei e i nazisti a Roma*, Roma - Bari, Laterza, 2008.

tà, e accettare, come fece, di andare incontro generosamente a tante necessità e richieste non previste.

Dal libro di Riccardi, come anche dalla ricca letteratura su tale materia[4], risulta documentata la generosa ospitalità offerta dai numerosi conventi, parrocchie, istituti religiosi (anche non cattolici), di ogni tipo, soprattutto agli ebrei romani, per i quali era più difficile trovare accoglienza e ospitalità in una città sottoposta all'occupazione e alle prese con il difficile problema alimentare. Va anche ricordato che le leggi razziali dell'autunno 1938, anche se non trovarono il pieno sostegno degli italiani, avevano in qualche modo rotto quel tessuto di convivenza e di solidarietà, faticosamente costruito nel tempo, tra la comunità ebraica, discriminata sotto il profilo sociale, economico e religioso, e il resto della popolazione. Inoltre, a differenza delle altre categorie di rifugiati, si trattava, dopo il rastrellamento del 16 ottobre, di ospitare non soltanto singole persone, ma interi nuclei familiari, il che poneva seri problemi di approvvigionamento alimentare a coloro che li accoglievano. Nell'opera di salvataggio degli ebrei, soprattutto nel momento di massima emergenza, si distinsero, come si è detto, le case religiose adiacenti al ghetto, come, ad esempio, il convento-ospedale di San Bartolomeo all'Isola, quello francescano di San Bernardino al Palatino, il convento delle Maestre Pie Filippini e, soprattutto, quello delle suore di Sion al Gianicolo, nel quale furono ospitati circa 180 ebrei: come è ormai noto tutti gli ordini religiosi e quasi tutte le parrocchie della città diedero un prezioso contributo a tale emergenza umanitaria.

All'approvvigionamento alimentare – questo difatti con il passare del tempo divenne uno dei problemi più difficili da gestire – fu la Santa Sede a provvedere con la fornitura di cibo a gran parte di tali ricoveri, soprattutto a quelli più bisognosi di aiuto. Questo spiega perché il Papa in quei mesi si desse molto da fare per ottenere approvvigionamenti dagli Stati neutrali, con i quali la Città del Vaticano poteva mantenere contatti. Il Papa in diverse occasioni si la-

---

4.   Su tale materia cfr G. LOPARCO, «Gli ebrei negli istituti religiosi a Roma (1943-44). Dall'arrivo alla partenza», in *Rivista di storia della Chiesa in Italia*, 2004, n. 1, 107-210; E. FORCELLA, *La resistenza in convento*, Torino, Einaudi, 1999; F. BAROZZI, «I percorsi della sopravvivenza, salvatori e salvati durante l'occupazione nazista di Roma», in *Rassegna mensile di Israel*, 1998, n. 1, 95-144.

mentò con il p. Martegani del fatto che gli Alleati a volte bloccavano le navi cariche di vettovaglie o addirittura mitragliavano i camion della missione alimentare: «È recente – disse Pio XII in una udienza del 1° maggio 1944 – il mitragliamento di una colonna di 50 autocarri vaticani da bassissima quota in pieno giorno, da parte di velivoli anglo-americani; e quanto agli sforzi fatti per ottenere che navi vaticane portino vettovaglie, non si riesce ancora ad avere risposta dal Governo inglese, mentre quello tedesco ha già risposto affermativamente. Bisogna riconoscere che in quest'ultimo periodo ha più riguardo per il Vaticano il Governo tedesco, che non gli alleati». Va ricordato che negli ultimi mesi di occupazione alcuni ufficiali tedeschi, consapevoli di aver ormai perduto la guerra, cercarono di mantenere buoni rapporti con le autorità vaticane, preparandosi così una preziosa difesa per il dopoguerra, che poi di fatto fu utilizzata ai processi di Norimberga.

La cittadella del Laterano

La più alta concentrazione di rifugiati, anche a motivo della vastità dello spazio disponibile, era presente nella zona extraterritoriale di San Giovanni in Laterano, che divenne, nei nove mesi di occupazione tedesca, una vera e propria «cittadella della clandestinità». La vita all'interno di tale cittadella era sapientemente organizzata, e gli «ospiti» distribuiti negli edifici del complesso lateranense per categorie particolari, in modo che fosse conservata una certa riservatezza, anche perché le persone accolte erano molto diverse tra loro, pure se tutte accomunate dagli stessi bisogni e dalle stesse paure e speranze. La zona extraterritoriale del Laterano, delimitata da alte mura e chiusa nelle zone di passaggio da alti cancelli di ferro, dava ai rifugiati-ospiti un senso di sicurezza, anche se più volte essi furono scossi dalla paura di possibili perquisizioni o «sfondamenti» da parte dei tedeschi. Oltre alla grande basilica e ai locali ad essa adiacenti, la zona conteneva diversi edifici vecchi e nuovi, tra i quali il Seminario Romano Maggiore, cioè il seminario del Papa, dove si forma buona parte del clero diocesano di Roma. Ricordiamo che in un primo momento, quando la macchina lateranense non si era ancora organizzata, gli «ospiti» furono aggregati al seminario, e spesso venivano camuffati indossando la talare. Successivamente, anche perché i superiori gerarchici non desideravano tale promiscuità, si procedette in modo più ordinato e, come si diceva, organizzando i vari ospiti-rifugiati per categorie, con una vita separata, evitando che gli uni venissero a contatto con gli altri. Il Laterano, insomma, divenne in quei mesi un centro di asilo per gli oppositori dei nazisti e per molti sbandati; un luogo sorvegliato dall'esterno dagli occupanti e dalle spie fasciste, ma che, nonostante si sapesse molto della vita clandestina che si svolgeva al suo interno, fu risparmiato per ragioni non ancora del tutto chiare.

In Laterano erano ospitate tutte le categorie dei ricercati dai nazifascisti: gli ebrei, che dopo il rastrellamento del ghetto erano aumentati notevolmente di numero, i renitenti alla leva fascista, soldati semplici e alti ufficiali badogliani, perseguitati politici di alto prestigio e studiosi o accademici che avevano preso le distanze dal fascismo. Ricordiamo che quasi tutto il Comitato di liberazione nazionale (Cln) (esclusi i comunisti e gli azionisti) era ospitato nella zona extraterritoriale: Bonomi, De Gasperi, Ruini, Nenni, Saragat, Ricci. A questi ospiti si era aggiunto per un caso fortuito anche il generale R. Bencivenga, il quale durante una visita fatta in Laterano all'on. Bonomi si era rotto un femore. Il generale, dopo l'incidente, fu operato in Laterano e subito dopo trasferito nell'appartamento di mons. L. Virgili, nel palazzo della Penitenzieria. Il generale non era un ospite come gli altri: egli dal 22 marzo era per incarico del re il comandante militare e civile della Capitale, cioè il più alto rappresentate del Governo del Sud a Roma. La sua presenza in Laterano, cioè in una zona sottoposta direttamente all'autorità vaticana, violava apertamente la tanto invocata neutralità della Santa Sede; tanto più che il generale dal suo appartamento comunicava con l'esterno, cioè con il «nemico», con una radiotrasmittente[5].

Accanto agli ebrei, ai militari, ai politici antifascisti, erano ospitate in Laterano anche alcune personalità legate al Governo fascista di Salò, fra cui la figlia e il cognato del generale Graziani, dal 3 ottobre 1943 ministro della guerra della Repubblica Sociale. Egli era ben

---

5. Cfr A. Riccardi, *L'inverno più lungo. 1943-44: Pio XII, gli ebrei e i nazisti a Roma*, cit., 47 s.

introdotto in Vaticano e acconsentì, su richiesta della Segreteria di Stato, ad aumentare notevolmente gli effettivi della Guardia Palatina, pur sapendo che molti di essi sceglievano di diventare «soldati del Papa» per sottrarsi alla leva fascista; in diverse occasioni inviò derrate alimentari in Laterano e probabilmente si deve alla sua protezione se l'asilo lateranense non fu violato dai nazifascisti, nonostante le false avvisaglie e minacce.

Ma chi fu l'organizzatore e il responsabile di tale complicata macchina di assistenza dei clandestini? Naturalmente fu lo stesso rettore del seminario romano, mons. Roberto Ronca, «un ecclesiastico d'eccezione, disposto a rischiare fuori dai quadri istituzionali della sua responsabilità: appassionato al ruolo umanitario e politico della Chiesa in quel drammatico frangente»[6]. Stretti collaboratori di mons. Ronca nell'opera di assistenza ai rifugiati furono mons. Barbieri, mons. Caraffa, mons. Righini e mons. Palazzini; a quest'ultimo nel settembre 1943 mons. Ronca confidò: «Nei tempi in cui viviamo siamo costretti ad aprire le porte del seminario non solo ai chierici, il cui numero si è ridotto assai, ma anche a persone estranee, che hanno bisogno di asilo per salvare la vita»[7]. Tra i sostenitori di tale attività troviamo eminenti prelati della Curia romana (tra i quali mons. Montini, Sostituto alla Segreteria di Stato, mons. Ottaviani, segretario del Sant'Uffizio, e i cardinali Pizzardo, Gasparri, Iorio e altri) e uomini molto vicini al Papa, come i nipoti Carlo e Marcantonio Pacelli, nonché il conte Galeazzi.

Naturalmente ci furono anche prelati, come, ad esempio, il card. N. Canali, presidente del Governatorato, che consideravano tali operazioni troppo rischiose per la Santa Sede e avrebbero voluto che il principio di neutralità fosse applicato con maggior rigore. Il card. Canali, in particolare, non approvava che lo Stato della Città del Vaticano divenisse per molti ricercati un luogo di rifugio, poiché questo avrebbe potuto offrire ai tedeschi il pretesto per invadere la «casa del Papa». In ogni caso era il Laterano il luogo in cui l'attività di assistenza dei clandestini era meglio organizzata e, infatti,

---

6. Ivi, 52.
7. P. PALAZZINI, *Il clero e l'occupazione tedesca di Roma. Il ruolo del seminario Romano maggiore*, Roma, Apes, 1995, 19.

i prelati vaticani si rivolgevano a mons. Ronca per aiutare persone ad essi indirizzate. «La macchina clandestina del Laterano – scrive Riccardi – partì sotto una pressione generale e con gli stessi intenti degli altri istituti religiosi, ma divenne qualcosa di più complesso e rischioso. Con il passare dei mesi l'ospitalità si strutturò sempre di più [....]. La presenza del Cln era un'occasione interessante di contatti e di influenze per gli ecclesiastici che avevano idee sul futuro di Roma: evitare una liberazione rivoluzionaria e limitare il ruolo delle sinistre; salvare la vita umana e beni in un passaggio morbido dai tedeschi agli alleati; mantenere l'ordine e impedire la guerriglia urbana»[8]. Va ricordato, inoltre, che era lo stesso mons. Ronca – sebbene ricevesse molti aiuti economici e alimentari dall'esterno – a provvedere personalmente e con propri mezzi al sostentamento della numerosa «famiglia» lateranense.

È difficile pensare che Pio XII non fosse al corrente di quanto accadeva nel suo seminario; tale attività clandestina era esercitata con l'assenso del Papa. Secondo Riccardi, mons. Ronca era personalmente convinto che Pio XII fosse al corrente di ogni cosa e che quindi sostanzialmente consentisse che tale attività, una volta apportate delle correzioni, andasse avanti indisturbata. Certamente erano informati dell'attività clandestina lateranense alcuni stretti collaboratori del Papa, primo fra tutti mons. Montini, il quale si recò diverse volte in Laterano per assicurarsi del buon andamento delle cose, e il card. Marchetti Selvaggiani, vicario del Papa per la città di Roma e immediato superiore di mons. Ronca, al quale, come risulta dalle fonti documentali, veniva riferito tutto ciò che accadeva in Laterano. L'unico rimprovero che il Cardinale vicario fece a mons. Ronca, in questo interpretando la mente del Pontefice, fu quello di ospitare militari, sebbene non armati, perché questo violava il principio di neutralità tanto caro al Papa. Sta di fatto però che nei mesi cruciali dell'occupazione, diversi ufficiali e uomini politici antifa-

---

8.   Le riunioni politiche del Cln generalmente non si tennero nella zona ex-traterritoriale del Laterano, ma in una casa adiacente alla basilica, che apparteneva alla madre di mons. Ronca. «Di fatto però – scrive Riccardi – i membri del Cln in Laterano intrecciavano discussioni politiche e individuavano orientamenti per il presente e per il futuro. Quella convivenza tra politici in Seminario era un laboratorio particolare»: ivi, 47.

scisti furono presentati o indirizzati a mons. Ronca da cardinali di Curia e dagli stessi familiari del Papa.

Il radiomessaggio natalizio di Pio XII del 1943 fu di grande conforto per tutti quelli che si prodigavano per alleviare le sofferenze e le sciagure inferte dalla guerra; esso fu letto da coloro che erano impegnati nell'opera di salvataggio dei perseguitati (gli ebrei in particolare) e di tutti quelli che si trovavano in pericolo di vita, come un incoraggiamento a proseguire su tale strada. Trattando dell'attività della Chiesa in difesa dei più deboli il Papa diceva: «Noi abbiamo fatto e faremo sempre quanto è nelle nostre forze materiali e spirituali per alleviare le tristi conseguenze della guerra, per i prigionieri, per i feriti, per i dispersi, per i randagi, per i bisognosi, per tutti i sofferenti e i travagliati, di ogni lingua e nazione»[9]. Parlando di «randagi» Pio XII si riferiva chiaramente a coloro che erano alla ricerca di un ricovero, di un alloggio per mettere al sicuro la loro vita: il Papa sollecitava i fedeli e, in particolare, i religiosi e le religiose a non voltare loro le spalle.

Ritornando al Laterano, va ricordato che mons. Ronca fece il possibile per non coinvolgere direttamente la Santa Sede, e in particolare il Papa, nell'attività svolta da lui e dai suoi collaboratori a sostegno dei rifugiati. Per maggior prudenza, anche in seguito alle voci che circolavano su un presunto piano di invasione del Laterano da parte dei nazifascisti, negli ultimi mesi di occupazione mons. Ronca accettò che l'ordine di nuove ammissioni provenisse direttamente dal Cardinale vicario o da stretti collaboratori del Papa. In Vaticano infatti, come si è detto, non tutti approvavano pienamente l'attività svolta dall'intraprendente monsignore, e il Papa non poteva non ascoltare anche quelli che, nell'interesse della Santa Sede, gli consigliavano maggiore prudenza. Va anche sottolineato che le maggiori critiche all'ospitalità lateranense non riguardavano tanto gli ebrei, sui quali si era maggiormente disposti a transigere (alcuni di essi erano nascosti perfino in Vaticano), quanto all'ospitalità concessa a militari o a politici antifascisti, che rendeva più debole e meno credibile un'eventuale difesa della Santa Sede nel caso di

---

9.   «Radiomessaggio natalizio di Pio XII al mondo», in *Civ. Catt.* 1944 I 76.

un'invasione da parte dell'occupante, molto contrariato dall'attività clandestina antitedesca e antifascista svolta dalla Chiesa a Roma.

I momenti di maggior tensione e di pericolo nella cittadella della clandestinità sorsero quando bande nazifasciste perquisirono alcune case religiose della città, arrestandone gli ospiti, alcuni dei quali portavano l'abito talare. Ciò accadde la prima volta tra il 21 e il 22 dicembre 1943, quando la famigerata banda Koch irruppe nel Seminario lombardo e negli adiacenti Collegi gesuitici dell'Orientale e del *Russicum*. Tali residenze religiose però non erano tutelate dall'extraterritorialità, anche se sottoposte a un regime particolare di esenzioni. Tale fatto dispiacque molto al Papa, il quale a partire da questo momento suggerì maggiore prudenza riguardo all'ospitalità dei clandestini, non avendo più fiducia sulla sicurezza degli asili ecclesiastici: «A proposito delle perquisizioni operate dalla polizia al Seminario lombardo, al Russico e all'Orientale – è scritto nel Diario delle consulte del 27 dicembre – il Papa ha mostrato di essere personalmente contrario a tenere così ricoverati degli ufficiali; in particolare poi disapprova tutto l'armeggio coi ripieghi di carte false, e di restrizioni mentali che sono mezze bugie. Del resto egli non fa molto affidamento sulla sicurezza di tali rifugi ecclesiastici». Per i numerosi ebrei rifugiati nelle case religiose di Roma, invece, il Papa non manifestò nessuna contrarietà, anzi egli aveva molto a cuore la loro situazione di perseguitati innocenti, come risulta anche dal Diario delle consulte della nostra rivista.

Tra il 3 e il 4 febbraio 1944 i militari fascisti, i quali avevano ricevuto precise segnalazioni da parte di una spia italiana, entrarono nell'abbazia extraterritoriale di San Paolo fuori le mura, arrestando i rifugiati ivi ospitati, che portavano l'abito religioso. Il Diario delle consulte (14 febbraio 1944) così riporta la reazione di Pio XII a tale fatto, che giudicava molto grave: «Il Santo Padre si è mostrato molto addolorato per la violazione della basilica extraterritoriale di S. Paolo: almeno il modo è certo una patente violazione, perché bisognava assolutamente chiedere prima al Vaticano gli eventuali ricercati. L'autorità tedesca dice di non saper nulla dell'ordine poi eseguito [...]. Ci sono trattative in corso. A ogni modo il Santo Padre è molto dolente dell'abuso dell'abito ecclesiastico, proibito dai canoni, e contro cui aveva personalmente dato disposizioni: ora comminerà pene *latae sententiae* su questo punto».

In quella stessa udienza concessa al p. Martegani, il Papa si lamentò non solo dei fascisti e dei tedeschi per la violazione dell'extraterritorialità di una importante basilica pontificia, ma anche degli Alleati, per il bombardamento di Castelgandolfo, e per il loro modo di condurre la guerra in Italia, cioè bombardando le città abitate da civili inermi: «Il Santo Padre si è molto indignato anche per l'eccidio di Castelgandolfo operato dai bombardieri angloamericani. Roosevelt aveva preso impegno solenne, e aveva dato assicurazioni ripetute, di voler evitare cose simili sulle zone della Santa Sede. Anzi, il Papa condanna tutto il sistema dei bombardamenti sui civili, come fanno gli anglosassoni; ed è veramente addolorato che, in particolare nei riguardi di Roma, ci siano anche autorevoli cattolici inglesi a chiedere quei procedimenti!». Come prevedibile, tali fatti crearono panico nella cittadella del Laterano e anche nelle altre numerose case religiose di Roma; dopo la violazione da parte dei nazifascisti di una zona protetta dall'immunità internazionale, nessun luogo, compresi «i rifugi ecclesiastici», risultava essere sicuro per le migliaia di rifugiati. In ogni caso, nonostante i fatti sopra accennati, né l'autorità ecclesiastica né i superiori delle case invitarono i rifugiati a lasciare i loro ricoveri, perché ritenuti insicuri o perché avrebbero creato problemi al Vaticano. Ciò nonostante, alcuni ospiti lasciarono volontariamente il ricovero del Laterano alla ricerca di luoghi ritenuti più sicuri e meno esposti; molti di essi, una volta passato il pericolo immediato, chiesero di essere riammessi.

Ospitalità lateranense e massoneria

Tra gli ospiti del Laterano, oltre a ebrei, militari e politici antifascisti, ci furono anche alcuni capi della disciolta massoneria, sia di quella di palazzo Giustiniani, come G. Lai, sia di quella di piazza del Gesù, come l'ex-gran maestro Raul Palermi. Nell'archivio della *Civiltà Cattolica* sono conservate due lettere inviate dal Palermi pochi giorni dopo la liberazione di Roma al Segretario di Stato, card. D. Maglione, per ringraziare il Papa per la generosa ospitalità concessa a lui e ad altri massoni in Laterano nei mesi di occupazione nazista. Palermi era stato gran maestro del rito scozzese «riconosciuto e approvato» quando Mussolini era salito al potere. Come è noto, questi era avverso alla massoneria: nel 1923 vietò che i fascisti facessero parte di logge massoniche, successivamente (maggio 1925) le soppresse di autorità, rendendo in tal modo «un grande servizio alla religione e alla Chiesa», almeno così pensavano molti ecclesiastici e gran parte dei clerico-fascisti.

La massoneria di piazza del Gesù era più vicina alle vedute del fascismo di quella di palazzo Giustiniani (di cui a quel tempo era gran maestro D. Torrigiani), la quale era più sensibile alle istanze di libertà e tradizionalmente più legata ai sistemi politici di matrice democratica. Secondo alcuni studiosi, la massoneria di piazza del Gesù, nella persona del Palermi, diede un appoggio considerevole al fascismo, sotto il profilo politico ed economico, nei giorni della marcia su Roma[10]. Alcuni militari vicini al re, molti uomini della finanza, dell'amministrazione pubblica e della politica erano in quegli anni iscritti alla massoneria. «Palermi – disse una volta Mussolini al suo assistente C. Rossi – mi ha assicurato che ufficiali del comando della Guardia Regia, alcuni comandanti della guarnigione di Roma, e il generale Cittadini, primo aiutante di campo del re ci aiuteranno nel nostro moto»[11]. Di fatto, pare che la massoneria abbia avuto un ruolo importante nell'indirizzare le decisioni di Vittorio Emanuele III in occasione della marcia su Roma.

Pochi giorni prima che Mussolini si recasse a Napoli, da dove partì il «moto» rivoluzionario, egli ricevette una delegazione della massoneria di piazza del Gesù; di ritorno da Milano ebbe poi un lungo incontro con il Palermi. Pochi giorni dopo tali eventi, quest'ultimo, pare su indicazione di Mussolini, si recò negli Stati Uniti d'America per spiegare ai «fratelli» anglosassoni il vero carattere del nuovo Governo italiano. Insomma, nei primi tempi del fascismo Palermi era stato una personalità importante e stimata dal regime; successivamente, con il decreto di soppressione delle logge

10. Cfr M. Terzaghi, *Fascismo e massoneria*, Milano, Edizione Storica, 1925; R. De Felice, *Mussolini il fascista*, vol. I: *La conquista del potere: 1921-1925*, Torino, Einaudi, 1966, 352.
11. Citato ivi, 353.

massoniche, le cose cambiarono, ed egli fu messo da parte dal regime.

Nei mesi di occupazione tedesca il Palermi, che non aderì alla Repubblica di Salò, insieme ad altri massoni, come si diceva, fu ospitato in Laterano. Le due lettere del 18 giugno 1944 da lui indirizzate al card. Maglione e fatte recapitare in Vaticano da mons. Ronca, sono un esempio eloquente del sentimento di riconoscenza espresso al Papa, subito dopo l'occupazione, per l'impegno da lui profuso nel salvare vite umane, indipendentemente dalla loro appartenenza religiosa, razziale, culturale e politica.

«Oso rivolgere a Lei – scrisse il Palermi –, Eminentissimo Signor Segretario di Stato, la preghiera di compiacersi esprimere a Sua Santità Pio XII quanto sia viva e sincera l'ammirazione devota mia e dei miei amici patrioti per tutto quanto ha operato e opera il Santo Padre a favore della sua Roma, dell'Italia e dei popoli. La santità del nostro Sommo Pontefice ha salvato dalla distruzione questa Sacra Capitale del mondo civile e dalla strage migliaia di innocenti, bimbi, donne, vegliardi. Ed il Papa si affanna anche a preservare Roma da qualsiasi esecrabile offesa nemica. Il Santo Padre ha consentito che centinaia di romani di razze, religioni, ed opinioni diverse – perché in pericolo di vita – venissero accolte, nutrite, protette, difese nel nome di quella carità, di quell'immenso spirito di Umanità e Universalità, che è principio fondamentale della dottrina della Chiesa cattolica, della quale è capo il rappresentante di Dio Onnipotente, il Vicario di Nostro Signore Gesù Cristo»[12].

Tali parole di elogio dell'opera e della persona di Pio XII da parte di un importante esponente della massoneria colpì molto gli ambienti della Curia, in particolare il Segretario della Congregazione per gli Affari Ecclesiastici Straordinari, mons. D. Tardini, il quale, in

---

12. ACC, *Fonti non ordinate*. Mentre la prima lettera, anche se indirizzata dal Palermi al card. Maglione, ha come vero destinatario il Papa, la seconda è propriamente indirizzata al Cardinale in quanto Segretario di Stato, ringraziandolo per «l'opera così alta, illuminata, fervida» da lui compiuta «in questi anni di terribili sciagure per la Patria» a sostegno di milioni di italiani. In essa, inoltre, ringraziava la Santa Sede per la protezione accordata nell'asilo lateranense ai colleghi massoni «del Rito Scozzese Antico e Accettato, tutti credenti in Dio Sommo Creatore e Reggitore dell'Universo», ivi.

realtà, individuò nelle parole fin troppo generose del Palermi anche un secondo fine: quello cioè di veder riconosciuta da parte della Santa Sede la loggia massonica di piazza del Gesù, i cui aderenti, a detta dell'ex-gran maestro, erano sinceramente credenti in «Dio Sommo Creatore e Reggitore dell'Universo». Mons. Tardini da parte sua era persuaso che mons. Ronca durante il soggiorno lateranense avesse incautamente dato «qualche languida speranza» all'ex-gran maestro in tale direzione. Alla luce di questo, mons. Tardini così commentò le due lettere del Palermi: «Queste due lettere dicono cose giuste. Nessuno avrebbe pensato, molti anni fa, che Palermi avesse potuto affermare la sua fiducia nel "Vicario di Gesù Cristo". Ma, siccome i documenti potrebbero avere un riflesso reclamistico, ci si limiterà a dire a mons. Ronca che la Santa Sede ha ricevuto e ringrazia. Niente di più»[13].

Oltre a quella del Palermi furono moltissime le lettere inviate in Vaticano da personalità pubbliche e da privati – molte di queste provengono da ebrei salvati nei «ricoveri ecclesiastici» –, per ringraziare il Papa per l'opera da lui prestata durante la guerra e in particolare nei mesi di occupazione di Roma in favore dei più bisognosi. A circa un mese dalla liberazione della Capitale, il nuovo presidente del Consiglio, on. I. Bonomi, diede incarico all'ambasciatore d'Italia presso la Santa Sede, B. Rizzo, di ringraziare ufficialmente, a nome

---

13. L'opera svolta da Ronca durante l'occupazione tedesca, e che, come si è detto, ottenne protezione da parte delle autorità vaticane, fu molto apprezzata dalla Santa Sede; di fatto il giovane rettore fu nominato a soli 47 anni arcivescovo titolare di Lepanto e prelato del santuario di Pompei. Meno apprezzate furono invece le sue iniziative di ordine politico e propagandistico. Trattando della sua attività umanitaria, mons. Tardini scriveva: «Mons. Ronca, durante il periodo critico, ospitò nel Seminario Romano molte personalità politiche [....]. Così egli fece un'opera buona: ma il guaio fu che egli stesso fu preso da un certo prurito politico, che lo portò a credersi quasi un grand'uomo. Da qui derivarono diverse gaffe, tra cui la messa di ringraziamento alla Madonna della Fiducia, diffusa dalla Radio, come una manifestazione politica»: ivi. Giudizio abbastanza duro quello di mons. Tardini, ma che mette in luce alcuni aspetti della complessa e a volte anche imbarazzante personalità di mons. Ronca. In proposito si veda A. RICCARDI, Il «partito romano». Politica italiana, Chiesa cattolica Curia romana da Pio XII a Paolo VI, Brescia, Morcelliana, 2007»; R. SANI, La Civiltà Cattolica e la politica italiana nel secondo dopoguerra (1945-1958), Milano, Vita e Pensiero, 2004. Cfr G. SALE, De Gasperi, gli USA e il Vaticano all'inizio della guerra fredda, Milano, Jaca Book, 2005, 97 s). Mons. Ronca fu comunque un uomo ricco di umanità e attento, in un momento grave e difficile, alla sofferenza della gente.

del Regio Governo, Pio XII per l'opera da lui compiuta durante la guerra in favore del popolo italiano.

«[Il Presidente] mi ha incaricato – scrisse l'Ambasciatore, in una lettera del 3 luglio 1944 indirizzata al Segretario di Stato – di portare a conoscenza di Vostra Eminenza Reverendissima che il Regio Governo è perfettamente edotto dell'alta opera umanitaria svolta dal Santo Padre e dalla Santa Sede in questi duri mesi che la liberazione di Roma ha finalmente concluso, e di esprimere a Vostra Eminenza Reverendissima la calda e profonda riconoscenza del Governo italiano»[14].

Eppure poco tempo dopo, cioè a partire dall'inizio della guerra fredda, nacque la leggenda nera (sviluppatasi all'inizio in ambito comunista) di un Papa che, per paura del comunismo internazionale, aveva solidarizzato con Hitler e con il nazismo, tacendo davanti al mondo civile le efferatezze del regime hitleriano e la deportazione degli ebrei. Niente di più falso dal punto di vista storico e morale. Pio XII, Papa «diplomatico» e «sapiente», anziché denunciare o emettere proclami (destinati a cadere nel vuoto), come i belligeranti delle due parti gli chiedevano, interessatamente, per motivi di propaganda politica, preferì concentrare le forze della Chiesa sull'opera più necessaria e urgente in quel momento di emergenza umanitaria, aiutare cioè i profughi, i «randagi» e i bisognosi. Consapevole della drammaticità della situazione, egli fu costretto, per non sacrificare vite innocenti (e per non esporre a inutile rischio la vita di tanti rifugiati negli ospizi ecclesiastici) a tacere e a «protestare» con i soli strumenti della diplomazia contro la violazione dei diritti umani, contro le stragi, contro le deportazioni degli ebrei. Egli, però, e ciò non può essere messo in dubbio, fece tutto il possibile per salvare vite umane – chi salva una vita, dice un adagio ebraico, salva il mondo intero – e sino alla fine della guerra si adoperò presso i belligeranti per salvare la città di Roma dalla devastazione e dalla distruzione.

14. *Actes et Documents du Saint Siège relatifs à la seconde guerre mondiale*, vol. X, Roma, Libr. Ed. Vaticana, 1980, 340.

ARTI E MIGRAZIONI

«COSE DI QUESTO MONDO», UN FILM DI MICHAEL WINTERBOTTOM

Virgilio Fantuzzi S.I.

Due cugini afghani di etnia Pashtun, Jamal ed Enayatullah, vivono a Peshawar, città pakistana non lontana dal confine con l'Afghanistan. Jamal è orfano; lavora in una fabbrica di mattoni e vive nell'affollato e caotico campo profughi di Shamshatoo. Enayatullah invece lavora al mercato insieme ai genitori. La loro vita non è facile. Con la speranza di un futuro migliore per tutti, la famiglia di Enayatullah decide di far espatriare il ragazzo per mandarlo a lavorare in Gran Bretagna. Jamal, che a differenza del cugino conosce l'inglese, convince gli zii a mandare a Londra anche lui. In questo modo i due giovani (18 anni Enayatullah, 14 Jamal) si uniscono al milione di rifugiati che ogni anno mettono la propria vita nelle mani dei trafficanti di clandestini.

Il viaggio avviene via terra. In autobus fino a Quetta. In camion fino in Iran. In automobile da Teheran a Maku, villaggio di frontiera tra Iran e Iraq. Attraversamento a piedi delle montagne e poi in camion fino a Istanbul. La parte più difficile del viaggio deve ancora venire. Chiusi con altri profughi all'interno di un *container* a bordo di un *cargo*, i due cugini attraversano l'Egeo, lo Ionio e l'Adriatico. All'arrivo, nel porto di Trieste, Jamal si accorge che Enayatullah è morto soffocato lungo il tragitto. Telefona la notizia agli zii, dopo di che non gli resta che proseguire in treno (senza pagare il biglietto) fino al campo profughi di Sangatte, nel Nord della Francia. Trovato un altro compagno di viaggio, attraversa il tunnel sotto la Manica nascosto tra le ruote di un tir. Lo aspetta un futuro da clandestino oppure il rimpatrio forzato non appena avrà compiuto 18 anni.

Scritto da Tony Grisoni, prodotto da Andrew Eaton e Anita Overland, diretto da Michael Winterbottom (regista indipendente, già noto per precedenti pellicole di impegno civile), realizzato con comprensibili difficoltà, all'indomani dell'attentato alle «torri gemelle» dell'11 settembre 2001, in Pakistan, Iran e Turchia, oltre a diversi luoghi dell'Europa, il film *Cose di questo mondo* (titolo originale *In this world*) ha vinto l'Orso d'oro al recente *festival* di Berlino e giunge tempestivamente (distribuzione Mikado) sugli schermi italiani.

Un tragico incidente (uno dei tanti) avvenuto nel giugno del 2000, quando 58 clandestini cinesi persero la vita stipati dentro un camion che doveva portarli all'estero, è servito a richiamare l'attenzione di Winterbottom e dei suoi collaboratori sulle complesse questioni che circondano il problema dell'immigrazione. «Continuo a chiedermi — dice il regista — come sia possibile che dopo aver letto tante tragiche storie sui giornali, dopo esserci resi conto delle difficoltà che tante persone affrontano per arrivare fin qui, le nostre reazioni siano sempre di ostilità nei loro confronti. Credo che, se la gente avesse la possibilità di sapere ciò che tutte queste persone sono costrette a sopportare e ad affrontare prima di arrivare nel nostro Paese, forse avrebbe maggior rispetto nei loro confronti».

Girato in ambienti naturali con attori non professionisti, il film ha l'immediatezza di un documentario realizzato con mezzi leggeri. «Non c'è mai stata una vera sceneggiatura — dice Grisoni —. Avevamo una bozza di 20-30 pagine che rappresentava la spina dorsale del film. Le battute venivano improvvisate giorno per giorno in base alla situazione che si presentava. D'altra parte, gli attori non professionisti non sarebbero stati neppure in grado di impararle a memoria». Le riprese sono state effettuate con una piccola telecamera digitale e senza illuminazione artificiale.

Il produttore Eaton aggiunge: «Nessuno della *troupe* sapeva cosa il regista avrebbe chiesto di fare il giorno successivo. Tutti se la sono cavata benissimo. Accendevamo la telecamera al mattino e la spegnevamo alla sera, senza interruzioni. Alla fine ci siamo trovati con centinaia di ore di materiale. Con il digitale puoi riprendere un viaggio come avviene, invece di filmare le varie sequenze per poi rimontarle». Alla fine delle riprese i due ragazzi sono stati riportati in Pakistan. Ma uno di loro (Jamal) dopo breve tempo è tornato a Londra, dove adesso vive come meglio può, a conferma che cose di questo genere accadono nella realtà di tutti i giorni.

«WELCOME», UN FILM DI PHILIPPE LIORET

Virgilio Fantuzzi S.I.

Bilal (Firat Ayverdi), è un diciassettenne curdo che, dopo aver percorso migliaia di chilometri a piedi o con mezzi di fortuna, viaggiando talvolta sotto i camion o sotto i treni, è giunto a Calais, dove conta di potersi imbarcare per la Gran Bretagna. A Londra lo attende Mina, la coetanea sua connazionale, sorella di un suo amico, della quale è perdutamente innamorato. Il papà di Mina, immigrato nel Regno Unito con la famiglia, ha altri progetti matrimoniali per la figlia. Vuole farle sposare un cugino, immigrato prima di loro, che sta per aprire un ristorante e promette lavoro al padre e al fratello della ragazza. Bilal tenta invano di mettersi in contatto con Mina, per comunicarle il suo prossimo arrivo. Il telefono di Mina è controllato dal padre. La cabina dalla quale Bilal tenta di telefonare è assediata da altri immigrati che, come lui, vagano nella cosiddetta «giungla» di Calais.

Bilal è uno tra le migliaia di uomini in fuga dai loro Paesi di origine e determinati a raggiungere la Gran Bretagna che, ai loro occhi, appare come un Eldorado. Dopo un viaggio estenuante, irto di pericoli imprevedibili, si trovano bloccati a Calais, frustrati, maltrattati e umiliati, a pochi chilometri dalla costa inglese, che riescono persino a vedere in lontananza. La loro situazione è resa ancora più difficile dalla legge sull'immigrazione voluta da Sarkozy, che punisce con cinque anni di reclusione i cittadini francesi che aiutano i clandestini. Tra le conseguenze di questa legge, contro la quale prende posizione il coraggioso film *Welcome* di Philippe Lioret, c'è stata la messa sotto inchiesta dell'organizzazione umanitaria *Emmaüs*, fondata dall'abbé Pierre.

Le guardie di frontiera controllano la presenza di clandestini a bordo dei veicoli in transito con l'uso di apparecchi che rilevano l'emissione di anidride carbonica. Bilal non ce la fa a viaggiare con il capo stretto in un sacchetto di plastica. Quando è stato fatto prigioniero in Turchia, lo hanno lasciato per 10 giorni con le mani legate e il capo chiuso in un sacco nero. L'esperienza gli ha provocato una fobia invincibile. Dovrà trovare un altro modo per attraversare la Manica. Da qui il suo incontro con Simon (Vincent Lindon), già campione dei 400 metri stile libero e ora istruttore di nuoto in una piscina. «*How much for the lesson?*». Il primo impatto tra i due non è entusiasmante. Simon è scombussolato da quando la moglie (Audrey Dana) lo ha lasciato. Senza sapere nulla l'uno dell'altro, Bilal e Simon soffrono dello stesso male: la separazione dalla persona amata. Per Bilal la distanza è tangibile: 10 chilometri di mare a 10 gradi di temperatura (siamo in inverno). Per Simon la distanza è diventata siderale da quando, nel momento in cui sua moglie lo lasciava, non ha avuto il coraggio di attraversare la strada per trattenerla.

Entrambi introversi e riservati, Bilal e Simon fanno conoscenza a poco a poco. «Perché vuoi imparare a nuotare?». L'ex-moglie di Simon lavora come volontaria, assieme al suo nuovo compagno, nella mensa che offre pasti caldi agli immigrati. Forse per far colpo su di lei, che lo accusa di essere indifferente nei confronti dei derelitti, Simon ospita Bilal nel suo appartamento semivuoto. In questo modo diventa «complice» agli occhi del poliziotto locale (Oliver Rabourdin), che ha il compito di individuare tra gli abitanti di Calais coloro che aiutano gli stranieri in situazione irregolare. Doppiamente colpevole per il vicino di pianerottolo, che ostenta sullo zerbino la scritta «Welcome» dalla quale il film trae per antifrasi il titolo, il quale lo accusa di favorire i clandestini e insinua sospetti sulla natura dei rapporti tra maestro e discepolo, Simon finisce nei guai.

Più le cose vanno avanti, più Simon si sente coinvolto nella vicenda personale di Bilal. Il quarantenne deluso dalla vita vede nel giovane un altro se stesso, ma al meglio delle proprie possibilità. Quando Bilal sparisce, nel denunciare alla guardia costiera la sua scomparsa, Simon, invitato a declinare i dati anagrafici del ragazzo, lo indica come suo figlio. È il momento del film nel quale la personalità del maestro di nuoto subisce una profonda trasformazione.

Non vogliamo dire come la vicenda va a finire. Il film va visto e basta. Ci limitiamo a riferire una testimonianza del regista: «Quando mi sono recato a Calais assieme al mio cosceneggiatore Emmanuel Courcol per prendere contatto con le organizzazioni no profit che aiutano gli immigrati, vedendo la vita infernale dei rifugiati, tra racket dei contrabbandieri, vessazioni della polizia, centri di detenzione... quello che ci ha sorpreso di più è l'età degli immigrati. Il più vecchio aveva meno di 25 anni. Una volontaria dell'organizzazione *Salam* ci ha detto che molti di loro, come tentativo estremo, hanno provato ad attraversare la Manica a nuoto. Mentre tornavamo a Parigi, le nostre menti erano così prese da quanto avevamo visto e udito che in macchina non abbiamo scambiato neanche una parola».

«TERRAFERMA»,
UN FILM DI EMANUELE CRIALESE

Virgilio Fantuzzi S.I.

Il film *Terraferma* di Emanuele Crialese, vincitore del premio speciale della giuria al recente *festival* di Venezia, sarebbe piaciuto senza dubbio a Roberto Rossellini. Anzitutto perché, come in *Stromboli*, c'è una donna che, sentendosi prigioniera in una piccola isola vulcanica, bruciata dal sole e corrosa dalla salsedine, cerca di fuggire. Secondariamente perché Rossellini, avendo voluto descrivere in *Paisà* l'avanzata delle truppe angloamericane sul suolo italiano (dal Sud verso Nord) alla fine della seconda guerra mondiale, ha suddiviso l'itinerario in sei tappe con altrettanti episodi, al centro di ciascuno dei quali c'è l'incontro di uno straniero con un nativo.

La guerra, secondo Rossellini, non ha portato soltanto lutti e rovine, ma ha offerto a popoli lontani la possibilità di incontrarsi. A ogni incontro c'è una sorta di reciproca rivelazione tra i due che, in precedenza, ignoravano tutto l'uno dell'altro. Il film di Crialese ci dice che, se è vero che purtroppo la guerra non è ancora finita (sono cambiati soltanto la forma e i metodi di lotta), è anche vero che, pur fra tanti dolori e miserie essa offre ancora all'uomo la possibilità di riconoscere se stesso nell'incontro con chi è diverso da lui.

Il nome dell'isola nella quale si svolge *Terraferma* non è indicato, ma si sa che il film è stato girato a Linosa, poco più di uno scoglio che, assieme a Lampedusa e alla disabitata Lampione, fa parte delle Pelagie. Un posto separato dal mondo fino a non molto tempo fa, ma oggi invaso dai turisti, almeno due mesi all'anno e soggetto agli sbarchi degli immigranti che, dalle sponde dell'Africa, si avventurano in mare con la speranza di trovare in Europa condizioni di vita meno disagiate.

Una famiglia di pescatori. Il vecchio Ernesto (Mimmo Cuticchio), che ha perso un figlio in mare tre anni prima e vive con la nuora vedova, Giulietta (Donatella Finocchiaro) e il nipote Filippo (Filippo Pucillo) ragazzo orfano. Nino (Beppe Fiorello), un altro figlio di Ernesto, si dà da fare per guadagnare qualche soldo con i turisti. Al centro della struttura narrativa c'è Filippo, pescatore giovane e ingenuo. *Terraferma* è il racconto della sua formazione. I membri della famiglia rappresentano per lui diverse opzioni di vita. Il nonno Ernesto è un uomo all'antica. Lo zio Nino, al contrario, cerca nuove forme di sopravvivenza. Giulietta vuole mettere assieme un po' di soldi per emigrare sul continente e trovare un lavoro per sé e per il figlio.

L'orizzonte entro il quale si svolge la vita di Filippo in questo momento critico della sua iniziazione si completa con un gruppo di coetanei isolani, prepotenti e volgari, con i quali non lega. Tre giovani turisti: due ragazzi e una ragazza piuttosto disinibita, Maura (Martina Codecasa), ai quali sua madre ha affittato parte della casa. La situazione si complica con la presenza di una donna etiope, Sara (Timnit T.), che Ernesto ha salvato da un naufragio in base all'antica legge del mare e che tiene nascosta nel garage, per non incappare nei rigori della nuova legge italiana, assieme a un bambino di nove anni e a una femminuccia che ha partorito, con l'aiuto di Giulietta, subito dopo aver messo piede a terra. Sara, che intende raggiungere il marito, immigrato a Torino, è stata violentata dalle guardie mentre si trovava in un campo profughi in Libia.

Succedono altre cose sull'isola. I vecchi pescatori si chiedono se sia giusto soccorrere in mare la gente che sta per affogare o se sia meglio lasciare i naufraghi in balia delle onde per non correre il rischio di farsi sequestrare il peschereccio, come accade a Ernesto, che si scontra in un duro faccia a faccia con la guardia costiera Claudio Santamaria. A nulla vale la protesta degli isolani che scaricano nottetempo sulla caserma delle forze dell'ordine una ingente quantità di pesce fradicio.

Il baricentro del film si sposta, a un certo punto, dai problemi di Filippo ai rapporti tra Giulietta e Sara, due madri che lottano per il futuro dei loro figli. Giulietta vede in Sara un ostacolo alla realizzazione del suo progetto di trasferirsi con Filippo a Trapani.

Ma, dopo le schermaglie iniziali, le due donne si riconoscono sorelle nella sventura e nella forza indomita che le spinge a non arrendersi di fronte agli ostacoli che si frappongono sul loro cam-mino.

Filippo torna protagonista nella parte finale del film, che sembra allontanarsi dalla realtà quotidiana per immergersi in una dimensione onirica, adatta a illustrare le difficoltà e le contraddizioni tra le quali si dibatte la coscienza del giovane. Paura degli immigrati che assaltano la barca con la quale si è allontanato di notte in compagnia di Maura. Immersione subacquea alla ricerca di quanto rimane dei naufraghi che ha visto sparire in mare.

Alla fine tutto si risolve in una fuga liberatoria. Fallito il tentativo di Ernesto e Giulietta che vorrebbero trasportare di nascosto Sara e i suoi figlioli sulla terraferma, Filippo prende l'iniziativa e fugge lui stesso con la famiglia etiope sul peschereccio del nonno. Vista dall'alto, l'imbarcazione che solca i flutti assomiglia a un uccello che apre le ali nel cielo lasciandosi trasportare dal vento.

«FUOCOAMMARE», UN DOCUMENTARIO DI GIANFRANCO ROSI

Virgilio Fantuzzi S.I.

Dopo aver vinto il «Leone d'oro» a Venezia con il documentario *Sacro Gra* nel 2013 (cfr *Civ. Catt.* 2013 IV 603-606), colloquio a tu per tu con le persone che vivono ai margini di Roma, lungo il percorso del Grande raccordo anulare, il regista Gianfranco Rosi ha vinto con *Fuocoammare* l'«Orso d'oro» alla Berlinale di quest'anno con la seguente motivazione: «La giuria ha sentito tutta la compassione del regista e la sua forza cinematografica nel combinare una questione politica e un racconto squisitamente artistico, coraggioso e struggente. Rosi ci ha spiegato quanto possa agire un documentario quando è così urgente, immaginativo e necessario».

Il film parla della tragedia degli sbarchi a Lampedusa, e il regista, che ha trascorso più di un anno nell'isola per realizzarlo, ha dedicato il premio «a tutte le persone che non sono mai approdate a Lampedusa perché morte in mare e a quelle che invece vivono sull'isola. Persone così aperte ad accogliere me come ciascuna donna e ciascun uomo che vi arriva, da ovunque. Loro hanno veramente il cuore aperto e a chi chiede il perché, rispondono che i pescatori prendono tutto ciò che viene dal mare».

Samuele

Il film inizia con una lunga inquadratura dove si vede un albero con il tronco e i rami stranamente contorti. C'è del verde all'intorno. Chi conosce Lampedusa sa che è un'isola brulla. Una striscia di roccia frastagliata, venti chilometri quadrati, settanta miglia dall'Africa e centoventi dalla Sicilia. Verde non se ne vede qui, salvo una lieve «peluria» nel mese di aprile. Il verde che si vede in questa immagine

© La Civiltà Cattolica 2016 II 187-191 | 3980 (23 aprile 2016)

dice che Rosi ama quest'isola e ha aspettato mesi per poterla fare apparire meno arida di come effettivamente è.

L'albero contorto parla della fatica che la scarsa vegetazione ha dovuto affrontare per secoli, lottando per sopravvivere contro le raffiche di vento e gli spruzzi delle onde salmastre. Questo pensa lo spettatore mentre l'inquadratura si prolunga, ed è già una lezione di vita: se hai uno scopo da raggiungere non devi aver paura dei sacrifici, perché la vita stessa è un sacrificio. Un ragazzino di 12 anni, Samuele, vispo e intraprendente, si arrampica sull'albero di ramo in ramo. La sua salita, che la macchina da presa segue in maniera analitica, detta il tempo dell'inquadratura.

È l'inizio di un percorso che non sarà breve, e che il regista ha deciso di intraprendere partendo da lontano. Samuele ha adocchiato un ramo dal quale intende ricavare la forcella di una fionda. Lo vediamo mentre costruisce con le sue mani l'arma che gli serve per andare a caccia. Mentre lavora, spiega a Mattias, un amichetto suo coetaneo, che per costruire un oggetto a regola d'arte e sapersene servire a dovere bisogna avere passione. Si capisce che il percorso che ci sta davanti, oltre a essere lungo e laborioso, sarà irto di ostacoli da superare.

Samuele, che ha una mira infallibile quando tira i sassi con la fionda, ha l'abitudine di chiudere l'occhio sinistro per centrare meglio il bersaglio. A un certo punto però, chiudendo l'occhio destro, si accorge che con il sinistro non ci vede affatto. Va dall'oculista e viene a sapere che il suo occhio sinistro è pigro. Dovrà mettere una benda sull'occhio destro per aiutare il sinistro a risvegliarsi. Continuerà a giocare, ma, a questo punto, il gioco diventa un'occasione di crescita.

Qualcuno dice che l'occhio pigro di Samuele è la metafora della pigrizia con la quale tutti noi distogliamo lo sguardo dalla presenza degli immigrati che bussano alle porte dell'Europa. Rosi ricorda che, durante la lavorazione del film, ha fatto in modo che Samuele non vedesse le immagini dei cadaveri, che sono il punto di arrivo del lungo viaggio del regista nell'isola. «A quel momento lo spettatore deve arrivare attraverso il mondo interiore di Samuele – dice Rosi –. Deve conquistarla quell'immagine. Quando Samuele va a esplorare la natura di notte con la torcia elettrica è come se fosse dentro una fiaba. È il suo romanzo di formazione: la sua difficoltà a crescere, e la nostra difficoltà a cogliere questa dura realtà».

Vita sull'isola

Invece che davanti alla pianta plurisecolare, il film avrebbe potuto cominciare su una nave anfibia che solca le acque internazionali davanti alle coste nordafricane per intercettare l'arrivo delle imbarcazioni dei migranti dirette a Lampedusa. Inizio da film di guerra. Radar, cannocchiali, plance di comando, elicotteri che si alzano in volo, comandi lanciati via radio, sonar dal bip ipnotico. Nella luce a cavallo di un'alba sul Mediterraneo si apre la poppa della nave che ingoia una piccola imbarcazione di migranti.

Nell'immensa stiva iniziano le operazioni di accoglienza, assistenza e riconoscimento. Lunga sequenza in piano fisso. Si respira la tensione di un'operazione militare. Prologo che dà il segno alla storia. Ma *Fuocoammare* non è un film di guerra, salvo che per il titolo, che contiene un riferimento alla situazione di settant'anni fa, quando nel mare divampavano i fuochi degli scontri navali.

«Nell'ottobre del 2013 – dice Rosi –, dopo che più di quattrocento persone avevano perso la vita in un naufragio, mi è stato chiesto di andare a Lampedusa per realizzare un corto di dieci minuti. Un *instant movie* che portasse fuori dai confini italiani un'immagine diversa di Lampedusa. Avevo un'idea molto precisa. Raccontare il silenzio, l'assenza del clamore, una sorta di reazione emotiva alla continua aggressione mediatica, provocata dagli sbarchi con le relative tragedie. Arrivato sull'isola, dopo poche ore ho capito che lì non c'era né clamore né silenzio. Con il passare dei giorni, invece, si faceva più forte il desiderio di raccontare gli abitanti, le loro storie… Cresceva la consapevolezza che tutta questa vita non potesse essere condensata in dieci minuti».

Rosi si serve normalmente della macchina da presa per entrare in contatto con le persone. È il suo metodo. Per mesi e mesi ha «pedinato» gli abitanti dell'isola. Ha cercato di conoscerli. Si è introdotto nelle loro case. Senza essere invadente, ha puntato l'obiettivo (come se fosse un microscopio) sui loro minuscoli gesti quotidiani, gli intercalari, i tic, le pause nel discorso quando il pensiero passa al di là delle parole.

Zia Maria, una donna di casa che ascolta la radio mentre cucina e rifà il letto. Pippo, il dj che manda in onda le canzoni mélo, intercalandole con le dediche dei lampedusani ad altri lampedusani. La radio che alterna il bollettino dei naufragi con la sospensione della corrente elettrica. «Poveri cristiani!», commenta zia Maria, quando sente parlare dei morti in mare...

Un pescatore subacqueo s'immerge nelle acque limpidissime per andare in cerca di ricci. La nonna di Samuele racconta al nipotino come si viveva sull'isola quando lei, da bambina, andava a rifornire di cibo suo padre rimasto a lavorare sulla barca...

Un medico

Poi accade l'imprevisto. Durante i sopralluoghi, Rosi è colpito da una fastidiosa bronchite. Va alla Asl. Incontra il dott. Bartòlo, l'unico medico dell'isola. Da trent'anni Bartòlo assiste a ogni sbarco. Decide lui, sul molo, chi va in ospedale, chi va nel Cie e chi è morto. Battezza tutti i morti, li fotografa e dà loro un numero. Tiene un archivio personale di tutti i migranti passati a Lampedusa. Non sa che Rosi è un regista in cerca di storie. Mentre Bartòlo racconta la sua, Rosi capisce che ha trovato il personaggio che cercava, la figura che può abbracciare e tenere insieme tutto.

«Il medico apre il suo computer – dice Rosi –. Vuole farmi capire e, perché io capisca, deve farmi vedere. Immagini strazianti fino alle lacrime. Immediato senso della tragedia. Diventiamo complici. Lì, in quel preciso istante, capisco che questo è il film che devo fare. Indietro non si può tornare».

A chi gli domanda quanti immigrati sono passati per le sue mani, il medico risponde: «Non ho mai tenuto la contabilità, perché per me sono tutte persone e non numeri, ma mi dicono che sono più di 250 mila in 25 anni. Dal primo sbarco di tre tunisini su una barchetta ai settemila che nel 2011, anno delle Primavere arabe, in una sola settimana invasero l'isola. Erano molti di più dell'intera popolazione. I lampedusani aprirono le loro case. Diedero loro vestiti, cibo, letti, affetto. In quell'occasione Lampedusa mostrò a tutto il mondo il suo amore grande».

Con il monologo che ha registrato per il film, il dott. Bartòlo ha commosso il pubblico internazionale del festival. Rosi racconta: «Quando è arrivato l'invito di Berlino, la scena del dottore davanti al computer con le immagini dei migranti non l'avevo ancora girata. Sono tornato a Lampedusa perché sentivo che mancava qualcosa. In fondo, anche io, senza Bartòlo, certe cose non le avrei potute capire. Abbiamo girato tre quarti d'ora. Nel film sono rimasti cinque minuti. Ma non si può vedere tutto. Nel computer di Bartòlo ci sono immagini insopportabili».

«Ma quale abitudine – dice il dott. Bartòlo nel film –. Non ci si abitua mai a queste cose. Ti resta un vuoto dentro che di notte ti fa sognare fantasmi…».

«Tra i racconti di Bartòlo – aggiunge Rosi – ce n'è uno che mi è entrato nel cuore, anche se non sono riuscito a metterlo nel film. Quando su una nave carica giunse una donna incinta che, stretta tra la folla, non era riuscita a partorire, Bartòlo attrezzò una piccola sala operatoria e fece nascere la bimba. Non aveva detto nulla a nessuno, ma quando uscì dall'ambulatorio, sfinito, trovò ad aspettarlo cinquanta lampedusane con pannolini e vestitini. Quella bimba oggi si chiama Gift, dono, e abita con la mamma a Palermo».

Preghiera in forma di rap

«Mi sono mosso per un anno nell'isola – racconta Rosi –, inserendomi nella comunità di pescatori come un osservatore invisibile. Mi chiedevano sempre: "Ma quando cominci a girare?", e io stavo già finendo. Poi, per un mese, sono salito a bordo della nave militare "Cigala Fulgosi". Per tre settimane non è accaduto nulla. L'ultima settimana, invece, è arrivata la tragedia. Mi sono trovato davanti a 49 morti accatastati nella stiva di un barcone.

«Non avrei mai voluto raccontare i morti. Non li ho cercati. La tragedia del barcone mi è arrivata addosso e non ho avuto scelta. Mi sono trovato davanti a quelle immagini, e sarei stato ipocrita se non le avessi messe nel film. Il comandante della nave mi ha spinto: "Devi scendere nella stiva e filmare quei corpi. Sarebbe come se ti trovassi davanti alle camere a gas dell'Olocausto e ti censurassi perché le immagini sono troppo forti". Il film è un viaggio emotivo verso quelle immagini necessarie. Nulla è gratuito. Nessuno è manipolato.

«Ho seguito l'intero viaggio di un gruppo di nigeriani dal soccorso sulla nave militare al trasbordo sulla guardia costiera, lo sbarco a Lampedusa, l'arrivo al Centro di identificazione. È nata così la scena in cui un giovane nigeriano guida una sorta di preghiera a mezza strada tra il gospel e il rap. Il giovane elenca, come in *trance*, tutti i pericoli del viaggio: il deserto, la prigione, gli stenti, le percosse, le umiliazioni, la perdita dei compagni… Gli altri lo assecondano con un mormorio di dolore, un canto le cui note si perdono nella notte dei tempi. Non volevo fare interviste, ma quel momento da solo vale più di mille racconti».

Dopo le immagini raccapriccianti dei cadaveri e le lacrime che rigano il volto dei sopravvissuti, si torna nella casa di zia Maria (quella che aveva detto: «Poveri cristiani!»), che sta rimettendo in ordine la camera da letto. Bacia le foto dei suoi cari defunti e la statua di padre Pio. La radio sta trasmettendo la Preghiera del *Mosè* di Rossini: «Dal tuo stellato soglio…».

L'ARTE RACCONTA I RIFUGIATI: DOLOROSI ITINERARI DI LIBERTÀ*

Luigi Territo S.I.

Le mappe geografiche sono uno specchio del tempo: frontiere e confini si spostano sullo scacchiere della storia e raccontano di guerre, occupazioni e trattati internazionali. «Scrivere la storia significa incasinare la geografia», per dirla con Pennac[1]. Ne era consapevole Élisée Reclus, geografo e politico francese, che negli anni Cinquanta dell'Ottocento scrisse un'importante opera, intitolata *Nouvelle Géographie Universelle*.

Personalità inquieta e studioso brillante, Reclus fu per ben due volte esiliato dalla Francia a causa delle sue idee anarchiche. Scrisse le sue opere più importanti durante il tempo dell'esilio, viaggiando tra Algeria, Stati Uniti, Canada e Sud America. Nella sua vita professionale alternò sempre l'attività scientifica a quella politica, giungendo alla conclusione che «la geografia non è altra cosa che la storia nello spazio, così come la storia è la geografia nel tempo»[2].

Oggi è l'esodo forzato di milioni di rifugiati a raccontare una «storia nello spazio»: quella di una nazione di profughi, apolidi e sfollati che nel 2016 ha superato i 65 milioni di persone. Una geografia fluida, che interroga non soltanto sociologi, politici e opinionisti, ma anche geografi e artisti di tutto il mondo.

Sì, perché al pari dei geografi, gli artisti da sempre realizzano mappe concettuali per narrare l'esodo interiore ed esteriore dell'uomo. Utilizzano prospettive diverse per raccontare la fuga di milioni di persone in cerca di futuro e di pace. Carte geogra-

---

*   Titolo originale: «Dolorosi itinerari di libertà. L'arte racconta i rifugiati».
1.   D. Pennac, *La fata carabina*, Roma, Feltrinelli, 1992.
2.   E. Reclus, *Natura e società. Scritti di geografia sovversiva*, Milano, Elèuthera, 1999.

fiche, itinerari, racconti di sbarchi ed esperienze di accoglienza sono così entrati prepotentemente nell'immaginario collettivo di tanti artisti e scrittori.

Itinerari spezzati

La geografia, come la storia, è scritta dai vincitori. Ma c'è una geografia della sopravvivenza che supera i confini della storia. Lo racconta Bouchra Khalili, autrice della videoinstallazione *The Mapping Journey Project*, presentata nel 2016 al *Moma* di New York. «Il mio progetto – dice l'artista – è consistito nel dare potere a persone che subiscono l'arbitrarietà del tracciato dei confini, per produrre la loro propria mappa e narrazione. Così svelo una contro-mappatura, risultato di esperienze singolari, ma universali»[3].

Nel progetto della giovane artista franco-marocchina, otto protagonisti, uomini e donne, tracciano su una carta geografica il loro itinerario di fuga. È il tragitto di tanti sopravvissuti che hanno lasciato l'Africa, il Medio Oriente e l'Asia per trovare rifugio in Europa.

Volti sconosciuti disegnano con un pennarello tracce indelebili di speranza, dolorosi itinerari di libertà. Il pennarello si ferma su città, porti, strade. I protagonisti del video disegnano piccole frecce, come lancette di una bussola che orienta le tappe di un itinerario sconosciuto. A volte la mano esita, altre volte con sicurezza traccia una linea precisa. Brevi scritte compaiono sullo schermo per individuare nomi e località. Dietro quelle sobrie indicazioni s'intuisce un itinerario in cui le tappe non sono luoghi, ma incontri. Incontri con scafisti, poliziotti, compagni di sventura.

I protagonisti del video raccontano con chiarezza le tappe del viaggio. Per molti rifugiati, il racconto della fuga si scontra con la fatica di ricostruire un percorso doloroso, fatto di violenza e di solitudine. Un tempo da dimenticare. È difficile ricostruire le coordinate topografiche della disperazione.

---

3. F. Pini, «Un artista ci salverà: se il mondo è a una svolta serve sforzo di creatività», in *Corriere della Sera* (www.corriere.it), 15 aprile 2016.

I villaggi attraversati, le rotte percorse, le strade abbandonate sono tanto più significativi quanto più sono lontani dai luoghi di persecuzione. Non è la destinazione a determinare il percorso, ma la paura. Il terrore di essere catturati traccia vie impensabili, sconosciute. Spesso l'unica speranza si chiama confine: una riga tracciata con il righello dalla storia, o una linea di matita disegnata da colonizzatori stranieri.

Arte per resistere, biografia e provocazione

Molteplici sono i modi in cui l'arte del nostro tempo ha raccolto la sfida di raccontare il mondo delle migrazioni forzate. C'è chi ha scelto la provocazione, chi l'immediatezza della cronaca; c'è chi ha fatto della propria fuga il soggetto di un'esperienza artistica.

Nel febbraio del 2016, l'artista cinese Ai Weiwei decise di coprire le sue opere esposte a Praga con i teli termici usati dai migranti. Lo stesso artista, a Lesbos, si fece fotografare sdraiato a pancia in giù sulla spiaggia, come il piccolo Aylan, il bambino trovato morto sul litorale di Bodrum, in Turchia.

Ai Weiwei ama stupire, interrogare. Lo ha fatto anche alla *Konzerthaus* di Berlino, ricoprendo le colonne dell'ingresso di piazza *Gendarmenmarkt* con oltre 14.000 giubbotti di salvataggio.

Anche a Firenze, in occasione della sua prima retrospettiva italiana, a Palazzo Strozzi, ha ricoperto le finestre dell'edificio rinascimentale con 22 canotti di salvataggio, scatenando polemiche ed entusiastici commenti.

Un tema, quello dei gommoni e dei soccorsi in mare, che è presente anche nell'installazione di Arabella Dorman, nella chiesa di Saint James a Londra, dove un canotto pende sospeso sulle teste dei visitatori. E poi ci sono le tante imbarcazioni costruite con scarpe, stracci e valigie, realizzate da Sislej Xhafa e da Barthélémy Toguo.

Provocazione e memoria si ritrovano in dialogo nelle opere di chi ha raccontato il mondo dei migranti a partire dalla propria esperienza personale. Non pochi sono gli artisti che, a causa di guerre e persecuzioni, hanno dovuto lasciare il proprio Paese per cercare protezione in un Paese straniero. Tra questi, vogliamo ricordare Rabee Kiwan e Adrian Paci. Mondi lontani, biografie diverse: l'uno siriano l'altro albanese. In molte delle loro opere il confine tra biografia e ricerca artistica si dissolve, lasciando in prospettiva spazi di narrazione collettiva.

Rabee Kiwan: fototessere e identità

In una delle opere più originali di Rabee Kiwan, *Passport photo* (2014), vediamo quel delicato rapporto che ogni rifugiato instaura con i propri documenti. Kiwan dipinge una serie di fototessere e di timbri su sfondo neutro. Ritratti anonimi, sfigurati, simili a passaporti sgualciti. Documenti che rivelano fughe e identità negate. È di fronte all'esodo siriano che Kiwan riflette sull'identità personale e collettiva di un popolo schiacciato da cinque interminabili anni di guerra.

Le fototessere sui passaporti rivelano, in effetti, un duplice messaggio: sono ciò che ci identifica in modo unico e personale, e nello stesso tempo sono ciò che testimonia un'appartenenza collettiva a un popolo, a una nazione.

Nell'arte del Novecento, l'uso della fototessera ha incontrato numerosi apprezzamenti: da Max Ernst a Marcel Duchamp, da Andy Warhol a Piero Vaccari, fino ai più giovani Cindy Sherman e Thomas Ruff. Martin Crawl definì le vecchie cabine per fototessere automatiche delle vere e proprie «macchine socratiche».

La fototessera avrebbe l'arduo compito di descrivere l'identità, ma difficilmente può spingersi oltre l'apparenza. È uno sguardo muto e decontestualizzato sulla realtà personale del soggetto fotografato. Lo stato interiore di chi è ritratto, il carattere e la storia personale del soggetto rimangono per lo più impenetrabili. Lo sfondo rigorosamente neutro e la luce frontale cancellano involontariamente quell'ultima possibilità di caratterizzazione individuale. È una superficie atona che cattura l'apparenza, negando la soggettività. Quanto più l'obiettivo si avvicina al volto del soggetto, tanto meno si percepisce la sua personalità. Fototessere e impronte digitali non sono altro che il «precipitato» della nostra identità.

Chi è il soggetto da identificare: la persona o la foto del documento? Chi conferma chi? Più l'indagine è accurata, più si rivela umiliante. La foto del documento tenta un'approssimazione. Senza documenti noi non siamo. Lo scriveva Joseph Roth negli anni Trenta: agli occhi delle autorità un uomo senza documenti vale «meno di un documento senza l'uomo»[4]. È questa la tragedia di tanti rifugiati.

Adrian Paci e il suo «Centro di permanenza temporanea»

Nelle opere di Adrian Paci esperienza biografica e ricerca artistica s'influenzano vicendevolmente, creando inconsueti paesaggi dell'anima. Scenari in movimento, identità nomadi, sconfinamenti e contaminazioni sono la grammatica di un percorso professionale che ha condotto l'artista albanese a produrre opere che spaziano dalla pittura al video, dalla fotografia alla scultura. Cambiano le forme, i supporti, le espressioni, ma il flusso della vita e il dolore del transito sono il tratto caratteristico delle sue narrazioni.

Nato nel 1969 a Scutari, e giunto all'età di 22 anni a Milano, Adrian nel 1997 decide di lasciare definitivamente il suo Paese a causa dei continui disordini politici. La scoperta del video era avvenuta già negli anni dell'Accademia di Belle Arti, a Tirana. Erano gli anni del cambiamento politico: «Ho iniziato a usare il video per raccontare le mie esperienze. I pennelli non mi bastavano, mi serviva qualcos'altro. Ma l'impronta della pittura è rimasta, anche quando scattavo foto o giravo con la camera»[5].

Paci comincia a catturare il transito. Come davanti a un video al rallentatore, congela movimenti, espressioni, isolando gesti e personaggi. Non è un esercizio di cronaca, ma l'esigenza di dipingere una realtà in disfacimento. L'artista non vuole fissare momenti, ma raccontare processi: «Attraverso dei piccoli frammenti, cercavo di ricomporre il mosaico di una storia più grande»[6]. Ispirandosi ai grandi registi del passato, egli utilizza scene tratte dal *Decameron* di Pasolini, dipingendo frammenti del film. Parlando del suo omaggio all'artista friulano, ricorda che la sua intenzione era quella di «andare a pescare nel suo sguardo [...], per poi tradurre quelle immagini in pittura»[7].

4.   J. ROTH, *Ebrei erranti*, Milano, Adelphi, 1985.
5.   B. CASAVECCHIA, «Paci: dipingere è pentirsi, e questo è il bello dell'arte», in *Vivaverdi* (www.siae.it), 24 marzo 2016.
6.   Ivi.
7.   Ivi.

Paci non cattura soggetti, ma sguardi. Non sono semplici citazioni riprodotte su tela, ma intenzioni, modi inconsueti di guardare e pensare la realtà.

Nel video *Centro di permanenza temporanea* (2007), un gruppo di persone attraversa lentamente la pista d'atterraggio di un aeroporto per salire sulla scaletta che conduce al portellone dell'aereo. La telecamera inquadra in successione i passi e i volti di una processione disperata. Indifferenza, attesa, preoccupazione sono dipinte su volti scarni e illuminati da un sole meridiano che accorcia ombre e speranze. Dietro di loro, il nulla. L'artista albanese non chiede di immedesimarsi nei soggetti, ma nel loro sguardo. Che cosa guardano?

Finalmente il piano si allarga e lo spettatore capisce. Sullo sfondo, aerei attraversano la pista. In sottofondo, il rumore dei motori infrange il silenzio della scena. Davanti a loro, il vuoto. Assiepati sulla scaletta, si ritrovano isolati, sospesi. Per loro non c'è approdo, nessun aereo.

È un viaggio interrotto, forse mai iniziato. È una scala senza accesso, un muro invisibile, capace di arrestare qualsiasi sogno. Un «non-luogo». Non si vive su una scala, non si staziona al centro di una pista di volo. Luoghi di passaggio diventano inospitali tempi sospesi. Un uomo si è seduto, la telecamera indietreggia ancora per restituirci il panorama completo. A un passo da un ipotetico volo, il viaggio si è spezzato. Enormi aerei si librano in aria con la leggerezza di una piuma, ma la scala è pesante, e l'attesa sotto il sole è interminabile: è un Centro di permanenza temporanea.

Uno sguardo al passato: tra verismo e contemporaneità

«Quando arrivai, verso sera, l'imbarco degli emigranti era già cominciato da un'ora [...]. La maggior parte di loro, avendo passato una o due notti all'aria aperta, accucciati come cani per le strade [...], erano stanchi e pieni di sonno. Operai, contadini, donne con bambini alla mammella, [...] robusti lavoratori dagli occhi tristi, vecchi cenciosi e sporchi, donne gravide, ragazze allegre, giovanotti brilli, villani in maniche di camicia [...]. Due ore dopo che era cominciato l'imbarco, il grande piroscafo, sempre immobile, come un cetaceo enorme che addentasse la riva, succhiava ancora sangue italiano»[8].

Sono le parole che Edmondo De Amicis scrisse – nel 1884, imbarcandosi su un piroscafo di emigranti italiani – per documentare l'esodo di migliaia di uomini e donne che espatriavano per sopravvivere. A quel tempo, dei nostri connazionali si diceva che erano «la parte più lurida e miserabile di esseri umani mai sbarcati a Castle Garden» (*New York Times*, 6 novembre 1879).

È la stessa realtà dipinta da numerosi artisti italiani di fine Ottocento. Negli ultimi decenni del XIX secolo, il Verismo assunse il faticoso ruolo di documentare le disuguaglianze e le miserie dell'Italia postunitaria. L'adesione alla realtà e il desiderio di una pittura anticlassica trasformò soggetti di genere in vere e proprie opere di denuncia sociale. È in questo contesto che la pittura italiana venne a contatto con il doloroso mondo dell'emigrazione. Ne è testimone il pittore Angiolo Tommasi, il quale, nel grande dipinto intitolato *Emigranti*, ha raccontato le paure e le speranze di tanti nostri connazionali.

Tommasi dipinge un porto e l'attesa di una folla in partenza. Sullo sfondo, le navi: un futuro sospeso, irraggiungibile. In primo piano, contadini, commercianti, artigiani. Volti scavati dalla fame popolano una banchina gremita.

Alcuni uomini già volgono le spalle al passato, altri non riescono ancora a guardare oltre il mare. Una donna pensosa si tiene il capo con la mano; un'altra allatta il proprio bambino; un'altra ancora accarezza il grembo gravido; un'anziana signora fissa distrattamente la corona del rosario che scivola fra le sue dita. Nei volti di queste donne si addensano i dubbi e le domande di tutti. Precarietà, speranza, fame: tutto è ritratto in questa attesa.

Accanto a queste grandi narrazioni, c'è chi ha voluto ritrarre l'ultimo saluto sulla banchina, il bacio dei figli a un padre in partenza, il distacco e la solitudine che irrompe al momento dell'addio. Tra questi, Raffaello Gambogi e Arnaldo Ferraguti.

Non è la narrativa epica de *I profughi di Parga* di Francesco Hayez a ispirare il realismo sociale di questi artisti, ma quell'istanza fi-

8.   E. De Amicis, *Sull'oceano*, Milano, Garzanti, 2009, 16.

gurativa che dal naturalismo lombardo approda al realismo francese e al verismo italiano, passando attraverso Caravaggio, Goya, Daumier, Courbet, Delacroix, Pellizza da Volpedo, Telemaco Signorini e molti altri.

Una pittura capace di dare voce alle miserie e alle contraddizioni del tempo. Un'arte che assume la responsabilità della denuncia. Il tempo in cui viviamo può far dubitare della buonafede di tanti artisti impegnati nel raccontare il mondo delle migrazioni forzate. Nonostante le precauzioni, non possiamo non rilevare un positivo desiderio di denuncia che stimola messaggi di solidarietà attraverso forme artistiche spesso accusate di narcisismo e di autoreferenzialità.

Abbiamo ancora bisogno di un'arte che produca una ferita nello sguardo, senza la quale le nostre conoscenze rimarrebbero prive di senso e di umanità.

www.ingramcontent.com/pod-product-compliance
Lightning Source LLC
Chambersburg PA
CBHW072043280526
45788CB00006B/2166